優渥叢書

哈佛、牛津大學沒教的思考提問課

200張圖教你
勇敢の問
一天進步一點點！

**7 方法，提升邏輯、思考、不拖延
及解決問題的能力**

任康磊◎著

U0079632

第 3 章 擺脫拖延症，提問讓你成為有行動力的人

第4章 抓住提問的 9 個 SOP，問題就能快速解決

大腦枯竭時，不如用這些有效率、有創意的技巧

第 5 章

用提問一邊表達質疑，一邊養成獨立思考的訓練

第 6 章

如何用提問使工作確實、績效加分、上司讚賞

第 7 章

第8章 好的提問讓溝通更順利：職場中 8 個常見場景案例

前｜
言｜

問對人、問對話，
是加速成功的秘訣！

　　開始做管理諮詢後，經常有人問我類似「怎麼做績效管理」「如何設計薪酬體系」「如何激勵員工」「如何讓公司的文化落實」這樣的問題。

　　這類問題常常讓我不知所措，答也不是、不答也不是。不是因為我解決不了這類問題，而是因為我沒辦法直接回答這類問題。事實上，我的管理諮詢公司和團隊，就是專門解決這類問題的。

　　這類問題，就像是問一位育兒專家「如何把孩子養育好」；就像是問一名健身教練「如何讓自己的身體變得強壯」；就像是問一名醫生「如何治好疾病」；就像是問一

名律師「如何贏得官司」……。這都只是表達了疑問，卻並不是「有效」的問題。

提出具體的問題，才能得到具體的答案

這類問題為什麼無效呢？因為空泛的問題只會得到空泛的回答，很難對真正待解決的具體問題有幫助，例如「如何把孩子養育好」這個問題。

(1) 問題的對象不具體：不同的孩子對應著不同的教養方式和溝通方式。問題中的「孩子」具體指的是什麼樣的孩子呢？是幾歲的孩子？ 男孩還是女孩？這個孩子有什麼樣的性格特質？

(2) 評價標準不具體：「好」是一個抽象的形容詞，意思不明確。問題中的「好」如何定義？提問者期望的「養育好」具體上是什麼狀態？會提出這個問題，是因為孩子當前「不好」嗎？那麼孩子當前的主要問題是什麼？

(3) 問題的訴求也不具體：為什麼要提出這個問題？問題背後的動機和訴求是什麼？期望經由這個問題得到什麼？期望獲得什麼樣的知識、方法或案例？期望對方從哪些角度回答這個問題？

此外，這個問題涉及溝通，而溝通是雙向的。因此這個問題的對象，除了孩子，其實還隱含提問者自己：難道全部問題都源自孩子，提問者就完全沒問題嗎？仔細思考

後，會發現也許不是。

如果提問者自己也有問題，那麼在當前的問題中，自己應當負什麼責任呢？自己平時與孩子的溝通情況如何呢？自己有沒有不周全之處呢？又要如何改正呢？

假如提出這個問題的人，家裡有個8歲的小男孩，不只頑皮、愛搗蛋還很挑食，一天到晚浪費食物。造成這種狀況的原因，可能是孩子在成長過程中，家長過於溺愛，而成了不少壞習慣，如今才發現與孩子的溝通出了問題。針對這個具體狀況，有效的問題也許應當有兩類。

一類是針對提問者的問題。

(1) 關於正確教養8歲男孩，自己應該學習哪些知識？

(2) 自己應該掌握哪些與8歲男孩的溝通技巧？

(3) 未來如何約束自己，儘量避免對孩子過於溺愛？

另一類是針對孩子的問題。

(1) 針對當前狀況，如何幫助一個8歲的男孩改掉愛搗蛋的壞習慣？

(2) 如何解決這個8歲男孩的挑食問題？

(3) 如何引導這個8歲男孩慢慢養成某些好習慣？

你看，針對一個具體情況分析後產生的問題，就比簡單地問「如何把孩子養育好」更有針對性，也更有可能得到可行的答案。

為什麼人們會問出「如何把孩子養育好」這樣無效的

問題呢？因為人們期望直接得到心中想像的某種結果，例如張三希望成績進步，可能就會直接問「如何使成績進步」；李四希望短跑比賽奪冠，可能就會直接問「如何跑得快」；王五希望找個女朋友，可能就會直接問「如何找到女朋友」。

從前面的案例能夠看出，直接對期望達到的結果做抽象和空泛的提問，顯然是無效的。要達成期望的結果，往往需要一整套解決方案，而非一個簡單的答案。

高品質的問題，有助於達成目標

有效的問題往往需要用具體問題做具體分析，要有背景、有條件、有框架、有設定、有針對性地提問。提問是一種溝通方式，是挖掘訊息的一種手段。問題的品質決定了答案的品質，決定了一場溝通訊息交互的品質。

與客戶探討問題時，高品質的問題可以挖掘客戶需求，發現真問題，從而達成交易或促成深度合作。向專家請教問題時，高品質的提問更有針對性，能讓自己挖掘出更多期望得到的知識、方法論和注意事項。

上級與下屬溝通時，高品質的提問可以激發下屬的工作積極性，引導下級成長，提升下級的工作效率和績效。同等職位間溝通時，高品質的提問可以傳達關懷，讓對方感受到自己的善意，建立和促進良性的溝通環境。

　　下級與上級溝通時，高品質的提問有助於下級瞭解工作的全貌、掌握方法、爭取資源、取得授權，讓上級認可自己的工作。

　　另外，養成提問的習慣，還有助於建立批判性思維，讓自己保持獨立思考，而不是趨炎附勢、隨波逐流、人云亦云。

　　然而，在日常的生活和工作中，總是存在大量無效的問題，從而引發很多無效的溝通，浪費大量的溝通時間。

　　答案是從問題那裡得出的，高品質答案存在的前提是要有一個高品質的問題。基於如何提出高品質的問題這個話題，我結合自身經驗，針對不同場景，總結與提問相關的工具和方法論，形成本書。

　　本書主要經由我與一位部門主管的對話，詳細解析提出好問題的方法、工具和應用注意事項。為便於讀者快速閱讀、理解、記憶並應用，本書對問題場景、實用工具的介紹和對工作相關的應用解析，採用全圖解的形式呈現。本書有以下3個特色。

(1) 簡單易懂，上手迅速

　　本書採全圖解的形式，經由對工具和方法的解構，保證讀者能夠看得懂、學得會、用得上，讓讀者以最快的速度掌握提出高品質問題的方法。

(2) 內容豐富，操作性強

本書包含日常提問能夠用到的各類工具和方法，將這些工具和方法圖形化、視覺化、流程化、步驟化，且標記實戰中的注意事項，讓讀者一目了然。

(3) 立足實踐，解析詳盡

本書以提問的各類實際場景為背景，經由實際問題引出實戰工具，經由對實戰工具的充分解析，讓讀者不僅知其然，更知其所以然。

最後，祝讀者朋友們都能學以致用，更輕鬆地學習和應用在工作上。本書若有不足之處，歡迎讀者朋友們批評指正。

本書背景

背景介紹

　　想有效學習、有效思考、有效解決問題，首先要能「提出有效的問題」。合時宜地提出有效的問題，是有效溝通的開始。本書以某公司部門主管與本書作者之間的對話為背景，系統化地介紹如何問出好問題。

第 1 章

問得精準，
就能不費力得到好答案

本章背景

① 您剛才為什麼說我問的問題無效呢？

② 因為這個問題讓回答者無從回答，不知從何說起，這種問題就是無效的。

③ 怎麼區分有效的問題和無效的問題呢？

④ 問題問出來後，能明確指向預期效果的，就是有效的問題；不能明確指向預期效果的，就是無效的問題。

⑤ 如何避免自己問出無效的問題呢？

⑥ 不要不假思索地提問題。提出問題前，可以先跳脫自己的立場，站在對方的立場思考，看是否能指向預期的效果。

背景介紹

關於「有效的問題」，關鍵在於「有效」，而不是「問題」。提問並不難，能張口說話就能提問，難的是如何讓提出的問題直擊要害。只有問出有效的問題，才能達到提問的目的，達到預期的效果。

Day 1　6 類目的：提問能用來做什麼

🔒 問題場景：圖解讓自己變更好的 8 個要點

① 仔細想想，「我該怎麼讓自己變得更好？」確實是個無效的問題。我該怎麼問，才能讓這個問題變得有效呢？

② 首先你要明確自己為什麼要提出這個問題。

③ 提出問題還能有為什麼？因為我有疑惑啊！

④ 有疑惑只是提出問題的表面誘因，你得明確提出問題的目的是什麼，也就是你想經由提出這個問題得到什麼。

⑤ 我想得到的就是「變得更好」啊！

⑥ 你看，「變得更好」是你想得到的抽象結果，是你提問後想努力的方向或目標，但這並不適合作為問題本身。

問題拆解

　　明確為什麼提問即明確期望達成的目的，提問是達成目的的手段。很多時候，直接把目的作為問題會過於宏觀，造成問題無效。例如「我要怎麼考上清華大學？」最簡單的回答是「去參加學測」，但得到這個答案顯然不是提出這個問題的初衷。與其這麼問，不如問「我英文成績中等，想提高英文成績，有哪些方法呢？」

實用工具

工具介紹

6 類常見的提問目的

　　有效的溝通一定是有目的的，提問也是如此，有效的提問必然指向某種明確的目的。

　　要問出有效的問題，首先要明確自己提問的目的，根據預期目的來設計提出的問題。提問時需注意，除非在提問的同時就給予充足的相關訊息，目的本身通常並不適合作為問題直接提出。本書第 2～7 章的內容，正是根據常見的 6 類提問目的對應不同場景分別編寫的。

● 詳解 6 類常見的提問目的 ●

人的思維容易被問題支配而引發思考，所以可以用提問來引導對方的思維。尤其對於那些對方不常思考的問題，引導的效果更加顯著。有時候，一個好的問題本身就是答案。

提問可以幫助人們發現不足，引發改變的動力；也可以幫助人們查找機會點，找到行動的路徑。

引導思考

激勵行動

向上管理

獲得知識

提問還可以用在向上管理的各類場景中。向上級提出有效的問題，是上下級溝通的應備技能。

如果提出的不是有效問題，往往達不到獲得知識的目的。

表達質疑

解決問題

權威的觀點一定對嗎？專家的方法一定好嗎？有沒有更適合自己的呢？質疑源於問題，本質上也是一種提出好問題的能力。善於提問，有助於養成批判性思維。

解決問題的基本步驟是明確問題、制定策略、落實行動和評估結果，以上的每一步，都可以經由提問來落實。

應用解析

提出問題前的 8 項檢查

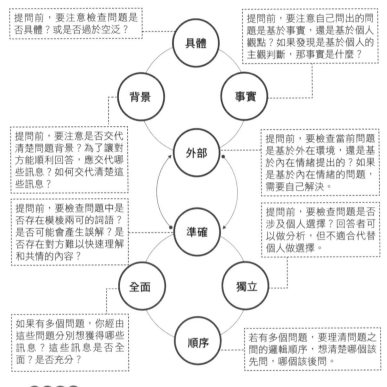

提問前，要注意檢查問題是否具體？或是否過於空泛？

提問前，要注意自己問出的問題是基於事實，還是基於個人觀點？如果發現是基於個人的主觀判斷，那事實是什麼？

提問前，要注意是否交代清楚問題背景？為了讓對方能順利回答，應交代哪些訊息？如何交代清楚這些訊息？

提問前，要檢查當前問題是基於外在環境，還是基於內在情緒提出的？如果是基於內在情緒的問題，需要自己解決。

提問前，要檢查問題中是否存在模稜兩可的詞語？是否可能會產生誤解？是否存在對方難以快速理解和共情的內容？

提問前，要檢查問題是否涉及個人選擇？回答者可以做分析，但不適合代替個人做選擇。

如果有多個問題，你經由這些問題分別想獲得哪些訊息？這些訊息是否全面？是否充分？

若有多個問題，要理清問題之間的邏輯順序，想清楚哪個該先問，哪個該後問。

專家建議

　　不要一想到什麼就問什麼，否則很可能損耗彼此的關係。好的提問需要策劃、需要準備。提問前，首先要明確提問的目的。先搞清楚自己是基於什麼訴求提出這個問題，問出這個問題能讓自己得到什麼，然後再實施提出問題前的 8 項檢查。

Day 2　4個價值：提問能有哪些好處

🔒 問題場景：圖解讓下屬更進步的4個關鍵

① 我發現自己真的不會提問，以後還是少問問題吧。

② 你的問題不是出在提問本身，而是出在不會提問。提問是一項技能，每個人都必須學會。

③ 為什麼這麼說呢？

④ 很多時候，用提問來溝通，比直接表述效果更好。

⑤ 提問還可以用於溝通？

⑥ 當然可以，例如在與下級溝通時，當發現下級有做得不到位的地方，與其直接指責，不如用提問來發掘更多訊息，會看到自己以前忽略掉的部分。

問題拆解

　　很多人習慣輸出觀點，急於向別人表達自己的看法，卻不願意經由提出問題來瞭解別人的想法，或詢問自己未知的訊息。提問是和外部世界交互的有效方式，很多時候，把陳述句或感嘆句換成疑問句後，心中的疑惑或疙瘩就解開了，一切便會豁然開朗。

實用工具

工具介紹

提問的價值

　　提問是一種效率很高的溝通方式。不善於提問的人，可能會過得越來越封閉、越來越自我。經由提問，可以發掘事物真相，改善人際關係，促進個人成長，激發創新意識。養成提問的習慣，能受益終身。

● 提問帶來的 4 個價值 ●

提問可以是一種請教，經由請對方解答自己的疑問，讓對方感覺自己被重視，不論是向上管理還是向下管理，都能拉近彼此間的關係。

提問可以挖掘表象背後的本質，發現問題背後的核心。當事實不清、意義不明時，提問可以找出真相。

拉近關係

發掘真相

激發創新

正面導向

提問可以打破常規、引發思考、促進思想延伸，有助於激發出更多創新的思想。例如：這個產品除了可以這樣設計，還可以怎麼設計呢？

好的提問能化負面訊息為正面訊息，讓人更加積極。例如：由「這件事我又搞砸了」轉化為「這次沒做好，我能從中吸取什麼教訓呢？」

👍 **應用解析**

養成提問習慣的 4 個關鍵

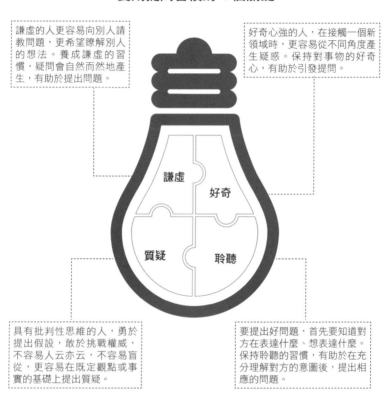

謙虛的人更容易向別人請教問題，更希望瞭解別人的想法。養成謙虛的習慣，疑問會自然而然地產生，有助於提出問題。

好奇心強的人，在接觸一個新領域時，更容易從不同角度產生疑惑。保持對事物的好奇心，有助於引發提問。

謙虛

好奇

質疑

聆聽

具有批判性思維的人，勇於提出假設，敢於挑戰權威，不容易人云亦云，不容易盲從，更容易在既定觀點或事實的基礎上提出質疑。

要提出好問題，首先要知道對方在表達什麼、想表達什麼。保持聆聽的習慣，有助於在充分理解對方的意圖後，提出相應的問題。

專家建議

　　提問雖然是一種高效的溝通方式，但很多人在溝通時不習慣提問。習慣的養成，不僅是一個長期的過程，而且是多種行為交互作用的結果。想養成提問的習慣，首先要養成好奇和聆聽的習慣。

Day 3 座標模型：如何提高問題品質

🔒 問題場景：圖解追究責任時，不造成反效果的方法

1. 提問這麼有用，看來我平時和下屬溝通總是用提問的方式是對的。

2. 你都是怎麼提問的？能不能舉個例子？

3. 例如下屬的工作出問題時，我都會問下屬「怎麼會做得這麼差？」或「這件事應該誰來負責？」

4. 這種提問的品質太低了，反而會有反效果……

5. 啊！為什麼說我的提問品質低呢？

6. 已經出問題了，再問「怎麼會做得這麼差？」和「這件事應該誰來負責？」並不能解決問題，這屬於消極提問。不如問「這件事應該如何解決？」。

問題拆解

　　低品質的問題不僅達不到效果，還可能導致焦點錯誤，或引發對方的反抗情緒，嚴重者甚至會激化矛盾。要讓提問有效果，就要掌握提問技巧，保證提出的問題是高品質的。

🔑 實用工具

工具介紹

判斷提問品質的座標軸

　　提問最核心的目標有兩個，一是要解決問題，二是要啟發思考。評判一個提問是否優質，可以從兩個維度做判斷，分別為「是否有助於解決問題」和「是否有助於啟發思考」。有助於解決問題的提問，導向是正向的；無助於解決問題的提問，導向是負向的。有助於啟發思考的提問，導向是積極的；無助於啟發思考的提問，導向是消極的。

　　最優質的提問，是既有助於解決問題，又有助於啟發思考的；最劣質的提問，是既無助於解決問題，又無助於啟發思考的。

● 批判提問品質的座標軸詳解 ●

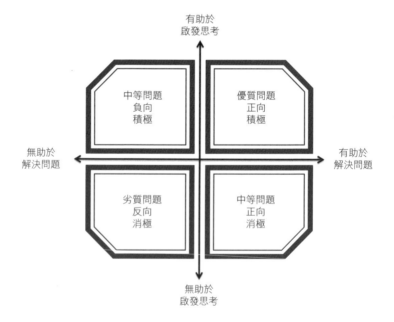

應用解析

判斷提問品質案例

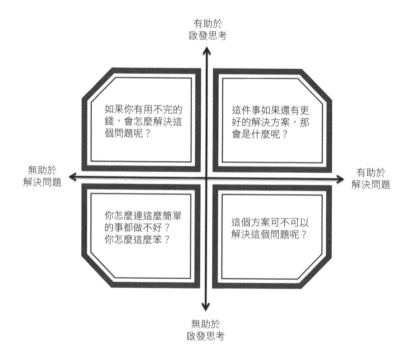

專家建議

　　想讓自己能在不經意間提出高品質問題，可以檢視平時的提問習慣，看看平時提出的問題中，有多少是高品質問題，有多少是低品質問題。判斷這些低品質問題產生的原因，刻意糾正自己的提問方式，從而養成提出高品質問題的習慣。

Day 4 具體問題：讓提問不空泛抽象

🔒 問題場景：圖解問主管，個人工作發展有哪些可能性？

① 您如何看待個人的職業發展？

② 你的這個問題太廣泛了，不夠具體。

③ 不夠具體是什麼意思？

④ 關於個人職業發展，你想知道什麼？是關於你的職業發展，還是我的？是職業發展可以有哪些方向，還是你可以在這個職位上如何發展？

⑤ 這個……我主要想知道我未來的職業發展有哪些可能性，以及在不同可能性上可以做出哪些努力，不限於當前公司的職位。

⑥ 你看，現在你問的這個問題就比較具體了。

問題拆解

　　不具體的問題也會得到不具體的回答。人們在工作和生活中遇到的問題，通常是基於某個具體事項的。具體事項對應著具體問題，因此提問時，不要拋給別人空泛的問題和抽象的問題，要回到具體事項中，提具體的問題。

實用工具

提問要具體

　　工作和生活中能產生價值的有效問題是具體的問題。所謂具體的問題，是指聚焦於某個事件、範圍明確、有細節、答案指向明確的問題。

具體問題的 4 個特徵

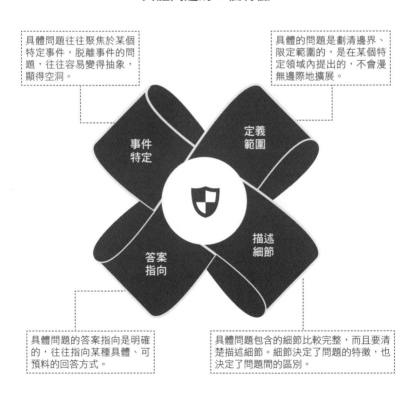

具體問題往往聚焦於某個特定事件，脫離事件的問題，往往容易變得抽象，顯得空洞。

具體的問題是劃清邊界、限定範圍的，是在某個特定領域內提出的，不會漫無邊際地擴展。

具體問題的答案指向是明確的，往往指向某種具體、可預料的回答方式。

具體問題包含的細節比較完整，而且要清楚描述細節。細節決定了問題的特徵，也決定了問題間的區別。

事件特定

定義範圍

答案指向

描述細節

應用解析

● 不具體的問題 vs 具體的問題 ●

不具體的問題

本科學歷能找到好工作嗎？

那部新的科幻片好看嗎？

學鋼琴有用嗎？

具體的問題

我是○○科系畢業，想找一份外商銀行的臨櫃工作，該做好哪些準備呢？

那部5月初上映○○主演的科幻片，你看過了嗎？覺得怎麼樣？

我媽最近想讓我學鋼琴，但我對鋼琴絲毫不感興趣，該怎麼和她溝通呢？

專家建議

　　不具體的問題通常有個特點，就是容易產生歧義。如何讓問題具體而沒有歧義呢？方法是「把條件交代清楚」，這一點我們可以參考物理科考題，你會發現，物理考題的條件會交代得很清楚，從而降低產生歧義的可能性。

Day 5　情境要素：讓提問更指向答案

🔒 問題場景：圖解身為 HR 如何設定工作績效？

1. 我現在從事的工作是人力資源，該怎麼設置績效指標呢？

2. 你目前最重要的工作項目是什麼？公司目前最需要你在這個職位做出什麼成果？上級最期望你做到什麼？最能展現你職位價值的工作是什麼？

3. 定個績效指標怎麼這麼麻煩，不可以直接根據職位職責來定嗎？

4. 當然不可以，這就好像兄弟姐妹喜歡吃的菜，你卻不一定喜歡。

5. 確實是的，看來還是我的提問有問題。問這類問題的時候要注意什麼呢？

6. 問這類比較具體、特定、實際的問題，一定要交代清楚情境。

問題拆解

　　解答特定的問題需要特定的情境。任何實際問題都發生在實際的情境中，有清晰具體的情境，實際問題才能得到有效的回答，不然只可能得到空泛的回答，且得到的答案不一定適合自己。

實用工具

工具介紹

清楚描述問題的情境

　　每個特定問題都有由來，每個實際問題的背後都對應著某個情境。交代清楚情境，就是向對方介紹和解釋清楚，自己為什麼要問這個問題。清楚描述情境，也是告訴對方，自己期望得到的答案框架是什麼。

● 問題情境中包含的 5 個要素 ●

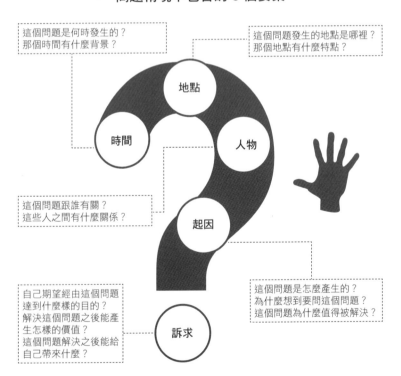

這個問題是何時發生的？
那個時間有什麼背景？

這個問題發生的地點是哪裡？
那個地點有什麼特點？

地點

時間

人物

這個問題跟誰有關？
這些人之間有什麼關係？

起因

自己期望經由這個問題
達到什麼樣的目的？
解決這個問題之後能產
生怎樣的價值？
這個問題解決之後能給
自己帶來什麼？

訴求

這個問題是怎麼產生的？
為什麼想到要問這個問題？
這個問題為什麼值得被解決？

應用解析

● 清楚描述問題情境的案例 ●

①
任老師，努力就會有結果嗎？

②
這個不一定，要看情況吧。
你為什麼會有這樣的疑問？

③
我最近收到一家心儀公司的面試邀請，為這次面試做了充分準備，可我不知道自己付出這麼多努力之後，能不能獲得那個職位。

④
也許，你剛才應該在告訴我背景後，直接問「要獲得那個職位，自己應該做哪些努力？」

⑤
哦，確實是的，我何必問那些無關的問題……那任老師，我應該做哪些努力呢？

⑥
你應該根據招聘訊息中的職位描述，去瞭解該職位的能力需求，然後做對比並提高自己的能力。

專家建議

　　客觀來說，努力當然不一定有結果。上例中的提問者之所以一開始問這個問題，是內心渴望自己的努力有回報，期望權威人士能給自己一個肯定的答案，讓自己更有信心。與其如此，還不如直接針對訴求提問。

Day 6 聚焦事實：讓提問不存在爭議

🔒 問題場景：圖解在大城市比較有發展機會嗎？

1 年輕人在大城市發展好，還是在小鄉鎮發展好呢？

2 我可以回答這個問題，但難免有些主觀，這只是基於我的觀點，而非事實。

3 是觀點，但不是事實，是什麼意思？

4 就是我回答的，只是基於我的認知，認為年輕人在大城市發展更好，或在小鄉鎮發展更好。這並不是事實，對你也不一定適用。

5 沒關係，至少能給我帶來一些參考。

6 有參考是好的，但我期望你在聽完後，能有自己的獨立判斷，能獨立思考，不要讓我的觀點影響你的決策。

問題拆解

　　有的問題基於事實，有的問題基於觀點。基於事實的問題，有標準答案；而基於觀點的問題，沒有標準答案。當期望得到事實時，可以問基於事實的問題；當期望得到觀點時，可以問基於觀點的問題。

🔑 實用工具

工具介紹

客觀事實 vs 主觀觀點

事實通常是客觀的、能被普遍認可的，但不一定能被量化。

基於客觀事實提出的問題，其本身是客觀的，往往沒有爭議；基於觀點提出的問題，其本身是主觀的，很容易出現不同理解。比如今天最高氣溫 18 攝氏度，這是事實；今天天氣很冷，這是觀點。

● **事實的 3 個特點** ●

事實是客觀的，不包含主觀判斷，不以人的意志為轉移，不受觀察者的思想影響。這裡需注意，客觀不等於量化。客觀是必須的，但量化不是必須的。

客觀

確定

獨立

事實具備確定性，有明確的主體，有確定的時間、空間、人物，通常會基於某種可以被觀察或感知的行為或結果而存在。

事實具備獨立性，每個事實之間也許相互影響，也許存在某種關聯，但在屬性上都是相對獨立的。

應用解析

● 基於主觀觀點 vs 基於客觀事實的問題 ●

主觀問題

究竟是順境更有助於人的成長，還是逆境更有助於人的成長呢？

買房究竟該買商業繁華的鬧區，還是該買住戶集中的住宅區呢？

自媒體究竟讓真相離我們越來越近，還是越來越遠呢？

客觀問題

台北和新竹之間的物理距離有多遠？

目前台中西屯區的地面溫度是多少？

這棵樹現在有多少公尺高？

專家建議

　　基於主觀觀點的問題，並非是不該有的疑問，而是不該將答案簡單地寄望於別人。這類問題並非沒有答案，只是答案源於自己。別人如果回答這類問題，也只不過是説出自己的觀點。與其直接問別人，不如讓別人分析利弊就好，而最終如何抉擇，問自己是最好的。

Day 7　去偽存真：讓提問不浪費時間

🔒 問題場景：圖解問專家，要怎麼輕鬆管理員工？

① 開始管理員工後，我發現員工真難管。下屬總總有讓我不順心、不滿意的地方，有沒有什麼辦法可以輕鬆管理員工呢？

② 你的意思是，期望在管理員工方面，有一勞永逸的方法，以後別再讓管理員工這件事產生的煩惱困擾你？

③ 對對對，任老師您太懂我了，我就是這個意思。

④ 你的這個期待，只有一個方法能實現，就是不要再做管理者。只要不管理員工，你就不再有這個煩惱了。

⑤ 那怎麼行，您這麼說等於沒回答我的問題啊，我好不容易晉升成主管了，總不能就這麼放棄吧？

⑥ 你的問題，其實是內在情緒問題，而不是外在可以解決的問題。成了管理者，就要承擔管理者必須承擔的煩惱。

問題拆解

　　很多問題是內在情緒波動引發的問題，這類問題很難被真正解決。要嘗試解決這類問題，最好的方法是改變內在情緒。或者把內在問題轉化為外在問題，這種轉化，是把因為情緒產生的抱怨，轉化為可以被解決的問題。

🔑 實用工具

工具介紹

發現真問題

外在問題是真問題，內在問題其實是煩惱。煩惱是自我主觀情緒產生的，而真問題是基於客觀事實存在的。

解決煩惱的邏輯是解決情緒問題的邏輯，而解決真問題的邏輯才是創造價值的邏輯。

● 煩惱的 3 個特徵 ●

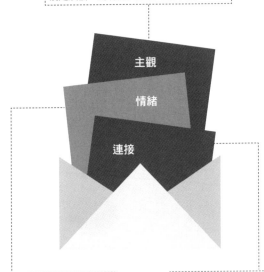

煩惱是主觀的，同樣一件事，對有的人來說是煩惱，對有的人來說可能不是。

主觀

情緒

連接

煩惱是一種負面情緒表現，同樣一件事對同一個人來說，有時是煩惱，有時則可能不是。

煩惱是和工作緊密連接在一起的，除非不工作，否則煩惱可能會一直存在。

應用解析

內在問題 vs 外在問題

　　內在的煩惱能被解決嗎？解決情緒問題，最好的辦法是學習轉變思維、控制情緒，而不是經由嘗試改變外部環境，來緩解自己的情緒。

Day 8 精準表達：讓提問能避開歧義

🔒 問題場景：圖解問前輩，該怎麼把工作「做好」？

問題拆解

　　形容詞往往是不精確的，同樣一件事，有人認為做得好，有人認為做得不好。如何統一呢？最好的辦法，是用相對精確的語言定義和表達問題。使用精確的語言，才能表達精準、沒有歧義，因此不容易出現誤解。

實用工具

工具介紹

問題中的精確語言

　　問題中的用詞應該是精確的，必須儘量少用形容詞。如：這個人很好、這個問題很難、這個過程很長、這件事情很小。

　　對於好與壞、難與易、長與短、大與小等這些形容詞，每個人有不同的理解和認知，而且有時候會存在很大的差異。

●　**精確語言的 4 個特徵**　●

精確的語言中可以包含具體的數字。有量化數字的語言，通常是精準的，不容易出現歧義。

精確的語言中，可以有具體的行為或對事實的描述。行為和事實是客觀的，相對不容易出現理解偏差。

量化

行為

可獲取

可識別

無法被獲取的數據或行為雖然存在，但因為無法被識別、記錄或展示，同樣無法應用在精確的語言中。

不論是數據還是行為，都要能夠被精準地識別出來。無法被識別的數據或行為，做不到精確。

👍 應用解析

模棱兩可 vs 精準表達

專家建議

除了量化、行為、可識別、可獲取之外，精確的表達中最好加入時間要素。有了時間要素，就可以精準框定問題的時間範圍，讓回答者更有針對性，提問者更可能得到想要的答案。

Day 9　有效抉擇：用提問做出好選擇

🔒 問題場景：圖解該投資 A 公司還是 B 公司？

① 我現在手裡有兩個選擇，你說我該投資 A 公司，還是 B 公司呢？

② A 公司和 B 公司各有優缺點，也都有風險，我可以幫你分析，但你還是得自己選擇。

③ 要分析優缺點的話，我自己也能分析出個大概，主要還是想請您直接給出選擇建議。

④ 在這個問題上直接給出選擇建議，既是對你不負責，也是對我自己不負責。

⑤ 怎麼說得這麼嚴肅？有那麼嚴重嗎？

⑥ 如果我直接給建議，你聽取後投資了某公司，結果失敗了，那不就成了我的責任？就算沒失敗，但也許日後你會覺得選另一個公司更好。

問題拆解

　　讓別人替自己做抉擇，等於把抉擇失敗的風險推給別人。這樣既是對自己不負責，也是對別人不負責。對於回答者來說，抉擇失敗後很可能會遭受指責；就算抉擇成功，收益也全不屬於自己。此時最佳的策略，是不要回答這類問題。將心比心，最好也不要問別人這類問題。

實用工具

工具介紹

抉擇類問題的問法

遇到抉擇類問題，最好的方法是請對方幫自己理清思路，以便更完善地抉擇，而非直接讓別人幫自己做決策。理清思路的思維有 4 個，一是分析，幫自己看清利弊；二是擴展，幫自己打開邊界；三是延伸，幫自己發現可能性；四是收攏，促進自己儘快做出選擇。

● 抉擇類問題的 4 個提問角度 ●

請對方就事論事，幫自己分析選項的利弊得失是什麼？認清這些選擇分別意味著什麼？這些選擇的最好情況和最差情況分別代表著什麼？

請對方做思維擴展，幫自己擴展認知的邊界，找出自己考慮不周的地方和未認知的盲區。

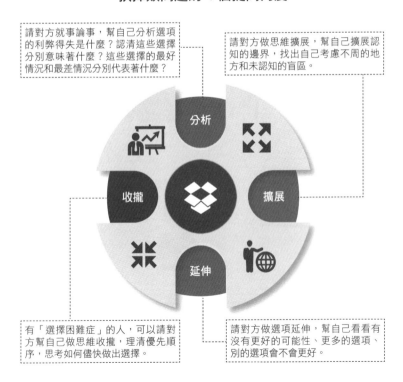

有「選擇困難症」的人，可以請對方幫自己做思維收攏，理清優先順序，思考如何儘快做出選擇。

請對方做選項延伸，幫自己看看有沒有更好的可能性、更多的選項、別的選項會不會更好。

應用解析

要別人替自己做選擇的常見問題

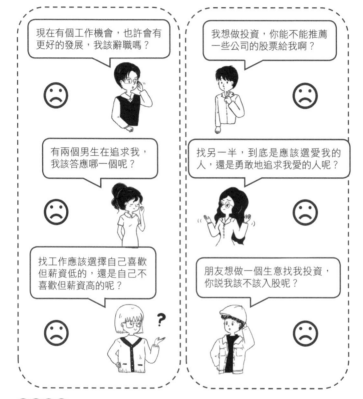

現在有個工作機會，也許會有更好的發展，我該辭職嗎？

我想做投資，你能不能推薦一些公司的股票給我啊？

有兩個男生在追求我，我該答應哪一個呢？

找另一半，到底是應該選愛我的人，還是勇敢地追求我愛的人呢？

找工作應該選擇自己喜歡但薪資低的，還是自己不喜歡但薪資高的呢？

朋友想做一個生意找我投資，你說我該不該入股呢？

專家建議

　　很多人覺得，專家的作用就是給出答案，所以喜歡請專家直接給出答案來代替自己思考。實際上，專家的正確作用是讓自己想得更清楚、認識得更透徹，總之就是變得更好。但直接採用專家給的答案，等於省略了思考過程，無助於個人成長。

第 2 章

多用引導性提問，
你的思緒會越問越清楚

本章背景

1 任老師，為什麼在我問出問題後，您不像別的老師那樣，直接告訴我「如果我是你，會怎麼做」呢？

2 因為畢竟我不是你。我這樣說的話，對我來說是簡單的，對你卻沒有幫助。

3 為什麼對我沒有幫助呢？我覺得這樣蠻好的啊，可以免去我的思考時間。

4 如果總不經自己思考，怎麼能成長呢？我更希望你能透過我自己解決問題，因為這說明你成長了。

5 我確實不喜歡思考，而且我發現身邊很多同事和朋友也不喜歡思考，如果我能學會像您那樣透過提問引導思考就好了。

6 掌握提問技巧後，確實可以透過提問引導思考。

背景介紹

　　思考有助於人的成長。在人們日常交流常用的語言模式中，疑問句比陳述句更容易引發思考。陳述句往往是單向的訊息傳遞，而疑問句是雙向的訊息互通。本章將介紹如何用提問引導人們的思考。

Day 10　發掘真我：用提問來明確價值觀

🔒 **問題場景：圖解感到迷惘時，要自問的 3 個問題**

1 我對自己的工作發展感到很迷惘，我可以經由提問發現其中的問題嗎？

2 可以的，迷惘主要是因為有些問題沒想通，想通之後就好了。經由提問恰好有助於想通這類問題。

3 在這種情況下，我該如何向自己提問以引發思考呢？

4 可以經由提問明確價值觀。有清晰明確的價值觀，就不容易迷惘了。

5 如何經由提問明確價值觀呢？

6 可以從最重要、最喜歡和最討厭這 3 個角度展開提問。

問題拆解

　　不清楚自己的價值觀，很容易在一些需要抉擇的問題上感到迷惘。所謂「不惑」，很多時候是知道自己要什麼、不要什麼。價值觀根深蒂固地存在於人們的意識中，它就像空氣一樣，如果人們不是刻意去感受，平時幾乎感受不到它的存在。

實用工具

工具介紹

價值觀是什麼？

價值觀指導人們對人、事、物與行動進行選擇與評估，是人們內心的一把尺。簡單來說，價值觀就是人們對人生中各種事物的重要程度排序，是判斷究竟什麼對自己更重要、什麼對自己不重要的依據。

例如小明有了一個比較長的假期，假如他可以自由選擇在這段時間裡做任何事，他可能會選擇外出旅行，可能會選擇學習深造，可能會選擇走親訪友，也可能會選擇在家裡看電視。人們會做出不同的選擇，是因為他們有不同的價值觀。

● 發掘價值觀的 3 類問題 ●

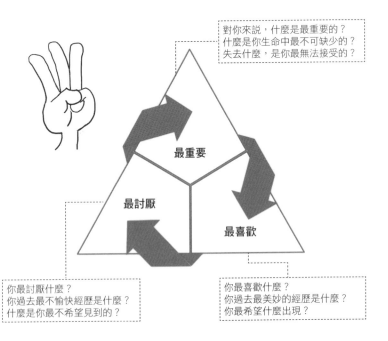

對你來說，什麼是最重要的？
什麼是你生命中最不可缺少的？
失去什麼，是你最無法接受的？

最重要

最討厭

最喜歡

你最討厭什麼？
你過去最不愉快經歷是什麼？
什麼是你最不希望見到的？

你最喜歡什麼？
你過去最美妙的經歷是什麼？
你最希望什麼出現？

應用解析

● 舒伯職業價值觀測評 ●

舒伯職業價值觀測評，是心理學家唐納德‧E‧舒伯（Donald E.Super）在 1970 年研發的，他把人的職業價值觀分成了 15 種，分別如下。

是否傾向為別人或社會創造價值？　利他助人

是否追求美的事物？追求把美帶給世界？　美的追求

是否更喜歡知識或技能類工作？　智力激發

是否傾向於設計或創造新事物？

是否追求名譽或地位？追求被尊敬？　聲望地位

是否追求獲取權利？　管理權力

是否能給人帶來成就感？

創造性

是否有一定的自主性？

是否追求更高的報酬？　經濟報酬

是否對工作環境有較高要求？　工作環境

成就感

獨立性

是否期望職業和生活方式相符？　生活方式

是否期望職業給自己帶來安全感？

是否期望職業的變化性較大？

上司關係

安全感

變異性

同事關係

是否期望和上級相處融洽？

是否期望和同事相處融洽？

專家建議

　　價值觀可以分成人生價值觀和職業價值觀。職業價值觀是人們在不同人生發展階段中，所表現出的階段性人生價值追求，是人們希望經由工作來實現的人生價值。它決定了職業能給人帶來的滿足感，可以作為人們選擇職業的重要依據。有個詞叫「人各有志」，這裡的「志」體現在職業選擇上，就是職業價值觀。

Day 11 量化決策：提問發現價值觀排序

🔒 問題場景：圖解對個人價值觀排序的3個步驟

1. 我覺得自己的價值觀有很多，都蠻重要的很難取捨，在這種情況下該怎麼辦呢？

2. 你可以找到最關鍵、最重要的價值觀，忽略那些不重要的價值觀。

3. 可是我覺得每一種價值觀都很重要，很難取捨啊！

4. 你可以做個價值觀排序，把不重要的價值觀強制排除掉。

5. 但我每種都捨得不得排除，怎麼辦呢？

6. 那你可以用打分和加權的方式來做決策。

問題拆解

　　每個人都有多種價值觀，這些價值觀共同影響著人的行為。如何讓自己做出一個不後悔的決策？最好的方法是選擇與自己價值觀最相符的那個選項，發現難以捨棄某些價值觀時，可以把價值觀排序，用打分數或加權的方式做出決策。

🔑 實用工具

工具介紹

價值觀排序

人們做出的任何行為，通常都不會只源於單一價值觀，而是由多個價值觀交互作用後產生的。

在潛意識中，不同價值觀的重要性是不同的。人們的行為標準，反映了價值觀標準，且更容易受重要的價值觀影響。找到重要的價值觀，就能為它們做排序。

● 價值觀排序的 3 個步驟 ●

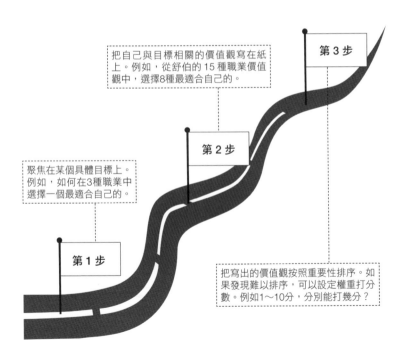

第 3 步

把自己與目標相關的價值觀寫在紙上。例如，從舒伯的 15 種職業價值觀中，選擇 8 種最適合自己的。

第 2 步

聚焦在某個具體目標上。例如，如何在 3 種職業中選擇一個最適合自己的。

第 1 步

把寫出的價值觀按照重要性排序。如果發現難以排序，可以設定權重打分數。例如 1～10 分，分別能打幾分？

應用解析

價值觀排序案例

小李工作兢兢業業，得到了主管和同事的一致認可。公司所屬的集團有意提拔他，目前有兩個職位空缺，一個是小李所在分公司的副總經理，另一個是集團某部門主管，主管徵求小李本人的意見。

小李選擇了 8 種對自己最重要的價值觀，以 1～10 分的「重要程度」打分數，又根據兩個職位的「價值觀符合程度」以 1～5 分打分數。最後將以上兩個分數相乘，加權分別得到兩個職位的分數。

價值觀	重要程度得分	分公司副總經理 符合程度得分	集團某部門主管 符合程度得分
成就感	8分	5分	4分
智力激發	9分	5分	4分
上司關係	6分	5分	3分
美的追求	7分	4分	4分
經濟報酬	8分	5分	4分
創造性	7分	4分	4分
獨立性	6分	4分	5分
生活方式	5分	4分	4分
總分		255分	224分

分公司副總經理對小李來說，綜合價值認可度高於集團某部門負責人。小李在反覆檢查各項分數與自身價值觀的匹配度後，最終做出了選擇分公司副總經理的決定。

專家建議

以上方法得出的最終數字，是參考的重要依據，而非唯一依據。如果兩者數字差距較大，測試者卻仍想選擇數位較小的選項，應查找此方法的應用過程是否正確。對於有「選擇困難症」的人，也許不論用什麼方法都無法做出最終抉擇，這時應先鍛鍊自己做決斷的能力。

Day 12　開放心態：避免提問中隱含冒犯

🔒 問題場景：圖解保持開放心態的 4 個關鍵

① 我發現身邊有些人的價值觀很有問題，有沒有什麼辦法能改變這些人的價值觀呢？

② 你有沒有注意到，在我們的所有對話中，我從來沒評價過你的價值觀好壞？

③ 那應該是因為我的價值觀沒問題吧？

④ 價值觀無所謂有沒有問題，每個人都認為自己的價值觀是對的，也都有可能不理解別人的價值觀。

⑤ 可我就是看不慣有些人的價值觀，怎麼會有人那樣想事情呢？

⑥ 別人怎麼想並沒有影響到你。你要保持開放的心態和別人對話，不然很容易不歡而散。

問題拆解

　　只要不是對他人生命或財產構成威脅的價值觀，都應當尊重。每個人的價值觀都是獨特的，每個人都是自己人生的專家，想要和他人有效溝通、拉近距離、獲得認可，就不能輕易評判他人的價值觀。

實用工具

工具介紹

保持開放的心態

與別人對話時，應保持開放的心態，理解和包容對方的價值觀，不要對別人的價值觀品頭論足或質疑，否則很容易使雙方產生矛盾。

針對價值觀的質疑式提問是毫無意義的，因為在成年人的對話中，多數情況下，人們沒辦法改變對方的價值觀。在雙方價值觀截然相反的情況下，也很難做到讓對方認可自己的價值觀。因此，理解和尊重別人的價值觀，是最好的溝通策略。

保持開放心態的 4 個關鍵

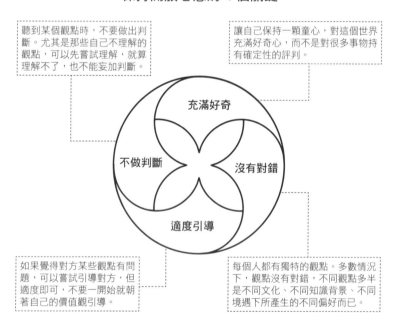

聽到某個觀點時，不要做出判斷。尤其是那些自己不理解的觀點，可以先嘗試理解，就算理解不了，也不能妄加判斷。

讓自己保持一顆童心，對這個世界充滿好奇心，而不是對很多事物持有確定性的評判。

充滿好奇

不做判斷　　　沒有對錯

適度引導

如果覺得對方某些觀點有問題，可以嘗試引導對方，但適度即可，不要一開始就朝著自己的價值觀引導。

每個人都有獨特的觀點。多數情況下，觀點沒有對錯，不同觀點多半是不同文化、不同知識背景、不同境遇下所產生的不同偏好而已。

應用解析

● 鍛鍊開放心態的 4 個步驟 ●

平常心是開放心態的前提，
內心波瀾不驚，時刻讓自己
保持一顆平常心，更有利於
接納別人的觀點。

保持
平常心　1

溝通時不要急於表達自己的
觀點，可以請對方先表達。
此時要認真聆聽，不要忽略
對方的觀點。

2　對方
先表達

把表達的主動權讓渡給對
方，對方若接受這種表達的
主動權，會更樂於表達，以
更多維度表達觀點。

讓渡
主動權　3

謹慎
說觀點　4

謹慎表達自身觀點，尤其是
與對方觀點不一致時，強勢
表達可能引起對方的警覺或
反感。

專家建議

　　大多數情況下，價值觀雖然沒有好壞之分，但卻有「有幫助」和
「沒幫助」之分。在某些特定事件上，有的價值觀有助於實現目標，
有的則對實現目標沒有幫助。評價或試圖改變對方的價值觀很難取得
好結果，但可以嘗試引導對方，使對方理性地發現自身價值觀對實現
目標沒有幫助，從而主動改變行為。

Day 13 引領進步：引導改變時如何提問

問題場景：圖解問專家，改善和上級關係的方法

1. 我最近跟上級的關係比較緊張，覺得再這樣下去會對我的工作發展不利，不知如何是好，我該怎麼辦呢？

2. 其實你有能力自己發現、解決和改變這個問題，只是自己沒有注意到。

3. 啊？真的嗎？可是我希望您幫我一起分析和解決這個問題。

4. 要不我們來試一試，你能否自己解決這個問題。你會發現自己去發現和解決問題，比別人幫你指出問題更有幫助。

5. 那具體要怎麼做呢？

6. 經由 3 個問題，就可以引導自己發現問題和做出改變。

問題拆解

　　每個人都有發現自身問題、找到解決方案，並做出改變的能力，只是自己有時很難意識到這一點。人們自發的、由內而外的改變，往往力量更強、效果更顯著。利用提問技巧，可以幫助人們察覺問題所在，從而做出改變。

實用工具

工具介紹

引導改變的 3 個問題

　　要引導改變，可以按照以下 3 個問題的步驟開展：

　　第 1 個問題是挖掘觀察，找到引起問題發生的根本原因。第 2 個問題是尋求變化，找到應當做出改變的問題點。第 3 個問題是發現不同，思考變化後可能出現的不同，促進改變的發生。

　　這 3 個問題是逐級遞進關係，按照順序問出並回答，有助於改善和解決問題。

引導改變的 3 個問題示例

深度挖掘和觀察問題為什麼會產生。
可以問的問題：
從中你注意到些什麼？
除了這些之外，還有其他的嗎？
有沒有發現問題在哪？

挖掘
觀察

尋求
變化

發現
不同

發現做出改變後，會產生哪些不同。
可以問的問題：
改變後，與原來會有什麼不同？
改變後，你的生命會變成什麼樣子？
改變後，會出現一幅什麼樣的畫面？

找到值得改變的問題點。
可以問的問題：
你想做些什麼改變？
這些改變可能會在哪裡發生？
你覺得做什麼能讓這些改變出現？

應用解析

引導改變的案例

1. 你有沒有注意到，自己剛才說的話中有什麼問題？

2. 問題？就是我不常和上級溝通吧？

3. 你覺得做出什麼改變，這個問題能解決呢？

4. 也許我要主動一些找主管溝通，這樣應該能緩解我們的問題。

5. 改變後，你會有什麼變化呢？

6. 我和上級間的關係會變得更親密。奇怪了，您沒直接回答我的問題，但我的問題看起來似乎有解了，也不像以前那麼迷惘了。

專家建議

引導改變的提問技巧，既有助於幫助自己發現問題、引導改變，也有助於幫助身邊人發現問題、做出改變。

Day 14　拓寬視野：用提問發現更多可能

🔒 問題場景：圖解如何找出和上級溝通的管道？

① 跟上級溝通說起來容易，做起來難。他太忙了，平時很少機會能見到他，我該怎麼與他溝通呢？

② 你認為可以透過哪些方式溝通呢？

③ 我覺得可以在哪天看他不忙時，趕快找他溝通吧？

④ 還有呢？

⑤ 也許還可以用中午在餐廳吃飯的時間交流一下。奇怪，我剛才怎麼沒想到這個呢？

⑥ 不斷地問「還有呢？」這個問題，有助於引發思考，從而發現更多可能性。

問題拆解

　　當思緒打不開時，人很容易陷入焦慮，這時會有一種「不知道該怎麼辦」的感覺。當不知道該怎麼辦時，可以經由提問打開思路，不斷問「還有呢」，有助於發現更多方向，找到更多方法，尋求更多可能性。

🔑 實用工具

工具介紹

擴展可能性

任何事都能被擴展，任何事也可能有多個解決方案。

「還有呢？」是一個可以被用來做擴展的萬能問題。當思維進入死胡同不得解時，或期望發現更多更好的解答時，可以不斷問這個問題，它有助於讓我們發現當前還未思考到的可能性。

擴展可能性的 4 個維度

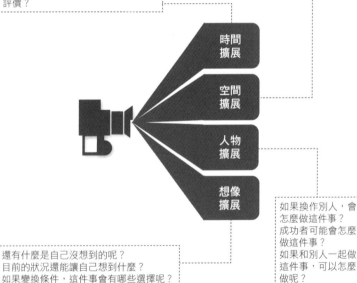

一段時間後，這件事可能會往哪些方向發展呢？
在過去，大家都是如何做這件事的？
在未來，這件事怎麼做才會得到正面評價？

在別處，這件事都可以怎麼做？
如果換個場景，這件事會有什麼轉變？
若跳出空間限制，這件事有哪些做法？

時間擴展

空間擴展

人物擴展

想像擴展

如果換作別人，會怎麼做這件事？
成功者可能會怎麼做這件事？
如果和別人一起做這件事，可以怎麼做呢？

還有什麼是自己沒想到的呢？
目前的狀況還能讓自己想到什麼？
如果變換條件，這件事會有哪些選擇呢？

應用解析

● 擴展可能性的案例 ●

1 和上級間的溝通，除了前面說到的兩種溝通方式外，還有其他方式嗎？

2 還可以在部門活動時主動找上級組隊，增加彼此的信任感和默契度。

3 還有呢？

4 應該再沒有了吧。

5 也許沒有了，但假如還有，你認為是什麼呢？

6 如果還有，那就是平時給上級發訊息時，除了彙報工作外，再聊些非工作相關的話題，增加彼此間的瞭解。

專家建議

　　在一般對話中，「還有呢？」可以一直問下去。當對方說「沒有了」時，如果想要繼續引導對方思考，為了不引起對方反感，可以先表達認可，說「也許沒有了」或「我知道沒有了」，接著提出一種假設，說：「假如還有，會是什麼呢？」

Day 15 持續精進：如何用提問督促成長

🔒 問題場景：圖解問專家，和上級更有默契的方法

① 我身邊很多朋友和同事都不願意學習和成長，我用引導改變的提問方式，可以有效促進他們學習和成長嗎？

② 不一定，也許他們打從心底裡認為學習和成長不重要。你要知道，很多人不是不能改變，而是不願改變。

③ 為什麼我覺得學習和成長很重要，我那些朋友卻覺得不重要呢？

④ 因為他們很可能沒有對現狀產生強烈不滿，就算有很多小抱怨，但情緒力量不強，所以不會有所行動。

⑤ 有什麼辦法可以讓他們願意學習和成長呢？

⑥ 情緒是激發行動的動力，情緒力量越強，人越有可能改變。首先可以透過提問，引導對方產生不滿情緒。

問題拆解

當人們主觀上願意改變，卻不知道如何行動時，可以用引導改變的提問方式，此時的提問是由內向外的；當人們主觀上不改變時，可以先引導人們產生不滿情緒，讓人們從主觀上產生急於改變的想法。

🔑 實用工具

工具介紹

督促成長的提問

成長總要面臨改變，改變往往是不舒適的，甚至是痛苦的。

任何外部力量最多只能促進改變，無法強制發生改變。要引導對方改變，可以經由提問，讓對方發現自己對現狀的不滿，產生內部改變的意願。因為發自內心的改變，更容易取得好效果。

● 督促成長的 4 類問題 ●

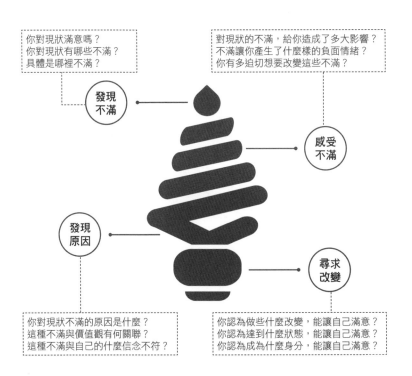

你對現狀滿意嗎？
你對現狀有哪些不滿？
具體是哪裡不滿？

對現狀的不滿，給你造成了多大影響？
不滿讓你產生了什麼樣的負面情緒？
你有多迫切想要改變這些不滿？

發現不滿

感受不滿

發現原因

尋求改變

你對現狀不滿的原因是什麼？
這種不滿與價值觀有何關聯？
這種不滿與自己的什麼信念不符？

你認為做些什麼改變，能讓自己滿意？
你認為達到什麼狀態，能讓自己滿意？
你認為成為什麼身分，能讓自己滿意？

應用解析

督促成長提問的 4 個步驟

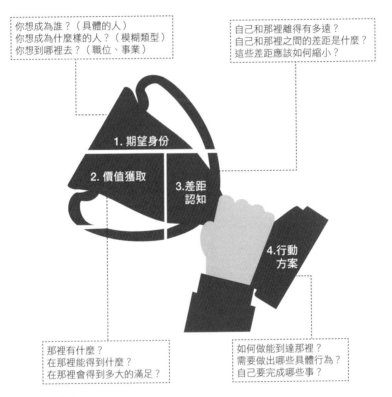

你想成為誰？（具體的人）
你想成為什麼樣的人？（模糊類型）
你想到哪裡去？（職位、事業）

自己和那裡離得有多遠？
自己和那裡之間的差距是什麼？
這些差距應該如何縮小？

1. 期望身份

2. 價值獲取

3. 差距認知

4. 行動方案

那裡有什麼？
在那裡能得到什麼？
在那裡會得到多大的滿足？

如何做能到達那裡？
需要做出哪些具體行為？
自己要完成哪些事？

專家建議

　　很多人並非一開始就不想成長，並非沒有最初的夢想，而是曾經有過夢想，但在嘗試後沒有獲得期望的結果，於是選擇放棄成長或消極對待成長。督促成長的提問，本質上就是幫助那些放棄成長的人，找回最初的夢想。

Day 16　突破自我：借提問衝破信念限制

🔒 問題場景：圖解如何避免老了以後跟不上時代？

① 人老了之後就跟不上時代了，您說我應該如何避免老了之後被時代拋棄呢？

② 為什麼人老了之後就跟不上時代？這聽起來只是你的限制性信念吧。

③ 不是啊，我父母如今都老了，明顯跟不上時代，很多電子產品不會用，也不願意接觸，我身邊好多朋友的父母也這樣啊！

④ 就算你見到很多父母是這樣，也不能就此得出「人老了之後就跟不上時代」這樣的結論啊！

⑤ 何必那麼咬文嚼字呢，就算我這麼想又怎麼樣呢？

⑥ 你的問題是基於這個限制性信念提出的。如果沒有這個限制性信念，你的問題也就不存在，更不會有答案了。

問題拆解

　　很多問題源於人固有的信念，這些信念會限制人的行動。限制人行動的信念通常具備某種前提假設，當不存在這種假設時，問題將不存在或無意義。提問前，首先要審視該問題，是否是基於某種限制性信念而存在。

🔑 實用工具

工具介紹

限制性信念

　　每個人都有自己的信念。信念不是問題，但有些信念並非基於事實，有時候甚至有些偏激，會限制人們獲得思考上的更多可能性。當一個信念限制人們發現更多可能性時，就變成了限制性信念，會造成思想和行為上的限制。常見的限制性信念包括：

1. 金錢：有了錢就……沒錢就……
2. 年齡：年輕就會……老了就……
3. 性別：男人天生就……女人天生就……
4. 事業：做生意的人都……上班的人都……

● 經由提問找到限制性信念的方法 ●

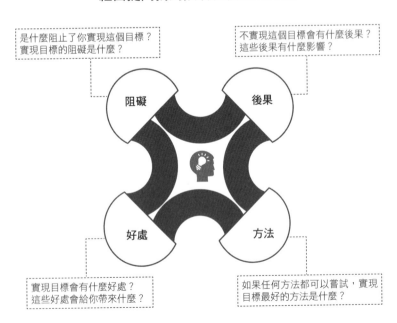

是什麼阻止了你實現這個目標？
實現目標的阻礙是什麼？

不實現這個目標會有什麼後果？
這些後果有什麼影響？

實現目標會有什麼好處？
這些好處會給你帶來什麼？

如果任何方法都可以嘗試，實現
目標最好的方法是什麼？

阻礙　後果　好處　方法

應用解析

● 限制性信念的 4 個拓展問題 ●

1. 如果這個信念是真的，還有什麼信念也是真的？
例如，如果「人老了之後就跟不上時代了」這個信念是真的，那麼「世界上沒有一個老年人願意使用新時代產品」這個信念也應該是真的，而事實當然並非如此。

2. 這個信念假設了什麼？
例如，「人老了之後就跟不上時代了」這個信念，假設了只要人步入老年後，都不願意接觸新東西，不願意瞭解世界上的新產品或新發現，學習能力都會出現顯著下降。

4. 發現限制性信念並調整思考方式後，你怎麼知道現在的思考是不是基於事實？
例如，發現「人老了之後就跟不上時代」是限制性信念後，又產生「老年人其實什麼新東西都學得會，只是不願學罷了」的思考。這個思考是基於事實的嗎？顯然也不是。

3. 你為什麼支持這個信念？是因為身邊的哪些人或事讓你產生了這個信念？
例如，「人老了之後就跟不上時代了」這個信念，是基於自己的父母和身邊朋友的父母，還是基於哪些事件呢？

專家建議

1. 限制性信念往往伴隨著表示絕對的語言，例如「全」「都」「一定」「必然」。
2. 限制性信念會影響人們實現目標，很多目標無法實現，和擁有限制性信念有關。
3. 限制性信念與人的知識和經歷關係很大，見識更多的人和事，有助於打破限制性信念。

Day 17 跨越時空：向未來的自己要答案

🔒 問題場景：圖解「個人成長」類問題的提問方法

① 我常常很迷惘，不知道今天應該做什麼，不知道明天應該怎麼過，您能不能給我一些建議，告訴我應該做什麼呢？

② 這個問題有個人比我更適合回答，這個人跟你很親近，你應該不斷向此人問這個問題。

③ 這個人是誰啊？難道是我媽？

④ 不是，這個人就是你「未來的自己」。

⑤ 未來的自己？什麼意思？

⑥ 你可以問 5 年後的自己，10 年後的自己，或 20 年後的自己，然後就知道現在該做什麼了。

問題拆解

　　對「個人成長」類問題，最好的答案在自己那裡。未來的自己是當前自己最好的教練，試著和未來的自己對話，思考自己未來將會是什麼狀態，思考自己未來想要什麼，讓未來的自己告訴今天的自己該做什麼。

╭─🔑┈ **實用工具**

工具介紹

時間線

對於個人未來的發展問題，可以經由時間線的方式向自己提問。經由時間線進行提問有 4 個步驟：第 1 步是設置幾個與自己相關的時間點；第 2 步是感受自己在不同時間點的狀態；第 3 步是接受訊息；第 4 步是形成行動計畫。

●── 經由時間線提問的 4 個步驟 ──●

第3步，回到現在，回憶並整理剛才接收到的訊息，明確自己期望達到的狀態，確立目標。

第4步，根據期望達到的狀態和確立好的目標，制定可執行的行動計畫。

4. 行動計畫

第2步，進入未來的某個時間點，充分感受那時的情景，讓未來的自己給現在的自己鼓勵。

3. 接受訊息

第1步，設置屬於未來的時間點。

2. 感受狀態

1. 設時間點

👍 應用解析

提問的 3 個維度

經由問題，找到事情背後的動機、意義或價值。問題包括：
為什麼要做這件事？
這件事對你有什麼影響？
這件事會讓你得到什麼？

找到別的選擇，尋找更多可能性。問題包括：
還有呢？
除此之外呢？
還可以做哪些選擇呢？

上行問題

確定問題背後的具體細節。問題包括：
具體怎麼做？
誰來做？
什麼時候開始？

平行問題

下行問題

專家建議

　　所謂上行問題，是尋找問題產生的原因，挖掘問題背後的訊息；所謂平行問題，是就事論事，找到與解決問題相關的訊息；所謂下行問題，是解決問題、落實行動時，具體需要做什麼。對任何人、任何事，都可以在以上 3 個維度做問題的拓展和延伸。

Day 18　問題生成：沒問題可問時怎麼辦

🔒 問題場景：圖解能精準提問的「強力問題生成器」

1. 我發現您的思路很清晰，總能把混亂的事情理出頭緒來。

2. 這一點其實透過提出問題就可以做到。

3. 對啊，我也發現了，您總能透過一些問題幫我把事情理清楚，是如何做到的呢？

4. 要釐清層次、看清全貌，按照層次提出問題，找到那些未知的環節，針對那些環節提問。

5. 如何釐清層次、看清全貌呢？

6. 可以用「強力問題生成器」這個工具來精準定位問題。

問題拆解

　　好的問題不僅可以用來獲取訊息，還可以用來梳理訊息和尋找思路。當心中存疑，但思路不清時，可以經由不斷提出問題，釐清思路，瞭解情境，明確現狀，讓原本混亂無序的事件變得清晰明朗。

實用工具

工具介紹

強力問題生成器

要想經由問題理清現狀、理順思維，可以借助「強力問題生成器」，不斷提出問題挖掘深層次訊息。

強力問題生成器可以分成 3 個維度，分別是人物維度、時間維度和系統維度。人物維度包括問自己、問對方、問第三方。時間維度包括問過去、問現在、問未來。系統維度包括問身分、問信念、問能力、問行為和問環境。

常見的強力問題生成器結構

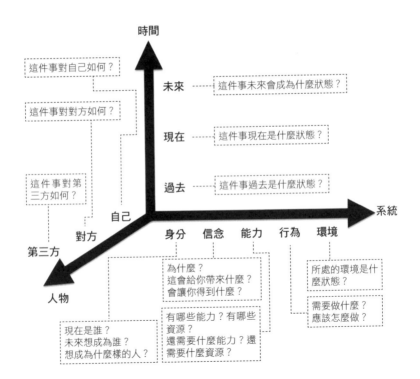

應用解析

強力問題生成器的應用

① 任老師，學英文有沒有用呢？

② 你可以思考一下，學英文對在英文環境中工作和生活的人有多大用處？（第三者）相比之下，對你自己的價值有多大？（自己）

③ 我現在的生活和工作，好像都還用不上英文，但隱約覺得應該學……

④ 過去你沒學會英文，有多大影響（過去）？現在你不會英文，有影響嗎（現在）？未來你學會了英文會給你帶來多少好處呢（未來）？

⑤ 過去不會英文確實也沒什麼影響，說不定現在學了英文，將來就能用上呢？

⑥ 你將來想成為什麼樣的人？（身分）你為什麼這麼想學英文？（信念）學英文需要的時間和金錢你具備嗎？（能力）要學好英文你需要做什麼？（行為）你具備學英文的環境嗎？（環境）

專家建議

　　強力問題生成器在應用時，通常是多個維度共同作用的，而不只在某個單一維度上應用。例如：為什麼（系統）你（人物）過去（時間）沒想過要學英文？別人（人物）在曾經（時間）不具備時間和金錢（系統）時，是如何學好英文的（系統）？

第 3 章

擺脫拖延症，提問
讓你成為有行動力的人

本章背景

① 我發現身邊很多人總是想得多、做得少。我看著乾著急，但好像也幫不上什麼忙。

② 和督促成長的原理一樣，你得讓這類人自己主觀上想行動才可以。

③ 怎麼讓這些人主觀上想行動呢？

④ 你可以經由提問，來激勵這類人採取行動。

⑤ 提問還能讓人採取行動？要如何提問呢？

⑥ 可以經由提問發現這類人不行動的原因，幫助其樹立行動目標。

背景介紹

　　一切改變都源於行動，沒有落實到行動的改變都是紙上談兵。對於不願採取行動的人，可以經由提問，幫助他們意識到事情的嚴重性。從主觀上意識到行動的重要性，有助於增強做出改變的緊迫感，促使他們更願意採取行動。

Day 19 角色模型：增強行動力的工具

🔒 問題場景：圖解問專家，擺脫習慣抱怨的解決之道

① 我身邊很多人只是一味抱怨，卻不願採取行動。

② 你有沒有發現，你剛才說的這句話，本身也是在抱怨？

③ 啊！對耶！有沒有什麼辦法可以擺脫抱怨呢？

④ 你可以不斷問「我說的這些話／做的這些事能解決問題嗎？」，如果回答一直是「否」，那麼就要思考，說什麼或做什麼能解決問題。

⑤ 我明白了，也就是說，當言語和行動以解決問題為導向時，就代表走出抱怨的怪圈了吧？

⑥ 沒錯，這樣問有助於擺脫一味抱怨，並從抱怨走向行動。

問題拆解

　　抱怨除了可以「過嘴癮」外，並不能解決任何實際問題，反而會傳播負能量，產生反效果。如果感到不滿，要麼找更好的替代方案，要麼承擔責任，採取行動改變現狀，不要做一個只會抱怨的「抱怨者」。

200 張圖教你學勇敢の問，一天進步一點點！

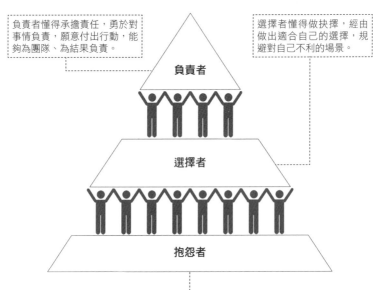

🔑 實用工具

工具介紹

人的 3 種角色

　　人群中存在 3 種角色，分別是抱怨者、選擇者和負責者。這 3 種角色都能夠發現問題，但在發現問題後的做法截然不同。

　　抱怨者只是一味抱怨，不會去解決問題；選擇者懂得找到一個新的領域，避開問題；負責者願意站出來承擔責任，採取行動解決問題。這 3 種角色中，抱怨者最多，選擇者其次，負責者最少。

● 人的 3 種角色詳解 ●

負責者懂得承擔責任，勇於對事情負責，願意付出行動，能夠為團隊、為結果負責。

選擇者懂得做抉擇，經由做出適合自己的選擇，規避對自己不利的場景。

負責者

選擇者

抱怨者

抱怨者的特徵是不願承擔責任，處處抱怨、不斷抱怨。比起其他兩種角色，做個抱怨者是最簡單的了，只需要動動嘴抒發不滿情緒，除此之外就什麼都做了。

應用解析

● 抱怨者常有的 4 種語言模式 ●

例如，這件事也太難了吧，我沒辦法做到啊／事情就是這樣，我能有什麼辦法呢？

例如，這件事這裡不行啊，解決不了這個問題我沒法做／這件事那裡不行啊，我沒法開展工作。

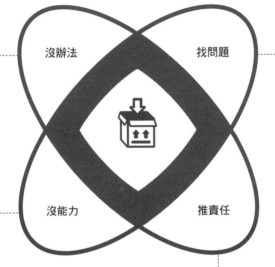

沒辦法

找問題

沒能力

推責任

例如，以我的能力，應該辦不到這件事／我以前沒做過這個啊／這哪學得會啊！

例如，這件事不是我的責任，是別人硬要我做的／這件事做得不好都是因為別人。

專家建議

為什麼很多人喜歡擔任抱怨者的角色？因為抱怨能夠抒發人們的不滿，讓情緒趨於平緩。情緒是一種激發人行動的能量，當不滿情緒的能量被抱怨釋放後，用來激發行動的情能量就變少了。而擔任選擇者和負責者，也許也會對現狀不滿，但他們選擇用更多的情緒能量來採取行動。

Day 20 保障行動：經由提問解決拖延

🔒 問題場景：圖解如何讓自己不拖延、不犯懶？

① 很多人主觀上是想行動的，但總喜歡拖延。我身邊就有不少這樣的人，當然我有時也會拖延。

② 你有沒有想過，自己為什麼會拖延？

④ 懶不是真正的原因，嚴格說起來，每個人都在某些方面會犯懶。如果一個人完全不懶，那這個人很可能早就累死了！

③ 這還用問，當然是因為懶……

⑤ 這麼說起來，懶還是件好事啊？那拖延不就無解了嗎？

⑥ 當然有解，我們可以經由提問，找出拖延給自己帶來的好處和壞處，和不拖延給自己帶來的好處和壞處做比較。

問題拆解

　　如果只是用懶來解釋拖延問題，那拖延將是無解的。懶在很多時候能給人們帶來好處，所以人會在有些情況下犯懶。懶是人的天性，是刻在人基因裡的。這個世界上不存在完全不懶的人，要找到拖延的根源，可以從利弊分析的角度去思考。

🔑 **實用工具**

┌**工具介紹**┐

拖延的利弊分析

　　解決拖延問題的方法有很多，可以經由養成行為習慣、設置工作提醒，也可以經由科學的學習或工作方法等等，來解決拖延問題。

　　想從思想層面解決拖延問題，可以經由提問發現拖延給自己帶來的好處和壞處，同時將其和不拖延為自己帶來的好處和壞處做比較。兩利相權取其重，兩害相權取其輕，從而減少拖延問題。

識別拖延利弊的 4 類問題

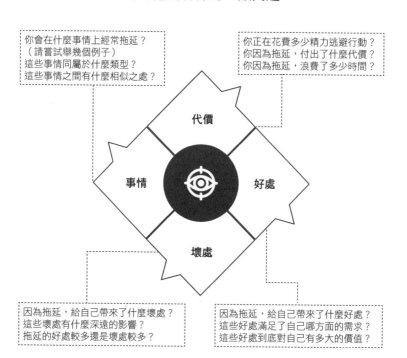

你會在什麼事情上經常拖延？
（請嘗試舉幾個例子）
這些事情同屬於什麼類型？
這些事情之間有什麼相似之處？

你正在花費多少精力逃避行動？
你因為拖延，付出了什麼代價？
你因為拖延，浪費了多少時間？

代價

事情　好處

壞處

因為拖延，給自己帶來了什麼壞處？
這些壞處有什麼深遠的影響？
拖延的好處較多還是壞處較多？

因為拖延，給自己帶來了什麼好處？
這些好處滿足了自己哪方面的需求？
這些好處到底對自己有多大的價值？

👍 **應用解析**

● **改變拖延的 4 類問題** ●

當前的緊迫狀況如何？你預計需要多少時間完成這項工作？如果再不做，還剩多少時間？

自己的職權範圍內，這項工作可以授權給誰來代替自己做？可以讓誰為完成這件事情負責？

時間

授權

外包

改變

如果這是週期性的工作，或屬於重複的工作，是否可用雇傭別人或外包的形式來完成？

你要如何調整，以使自己能完成這項工作？為了做好這項工作，你可以做出哪些改變？

〈專家建議〉

　　如果難以理解利弊分析是解決拖延問題的原理，可以想像以下場景。假如你制定了每天晚上睡覺前看 2 小時書的目標，卻經常拖延導致很難達成。這時給自己加上一個「只要這樣持續做 21 天後，能獲得巨大獎勵」的設定，實現目標的可能性就能有效提高。

Day 21　聚焦重點：用提問找行動焦點

🔒 問題場景：圖解讓自己做出具體行動的秘訣

① 有時候我也想改變現狀，知道該採取一些行動，但常常不知道該做哪些具體的行動？

② 是不是就像我們在郊外時，如果漫無目的地望向遠方，也許會看到一片美好的風景，但事後卻不記得這片風景中都有什麼，只記得「很美」？

③ 這形容也太貼切了，就是這樣。有時候總覺得未來可期、未來可能是美好的，但該從哪裡開始走向未來呢？

④ 行動和視線的道理一樣：視線如果不聚焦，就很難記住看到了什麼；行動如果不聚焦，就不知道該做什麼。

⑤ 那應該怎麼辦呢？

⑥ 可以經由提問找到行動的焦點。當行動有了焦點後，自然就知道具體該做什麼了。

問題拆解

　　人們常說「行動要落地」，但如何讓行動落地呢？要做到行動落地，不僅要保證行動具體，能夠被執行和實施。而且要保證行動要有重點和優先順序，也就是要聚焦，因此聚焦是保證行動落地實施的關鍵。

實用工具

工具介紹

找到行動焦點

面對煩瑣的工作，人們每天待採取的行動非常多。這時候要找到行動的焦點，明確行動的優先順序。

沒有焦點的行動，既沒有重點，也沒有規劃。有焦點的行動則可以把主要時間，用來完成重要事項。

找到行動焦點的 3 個步驟

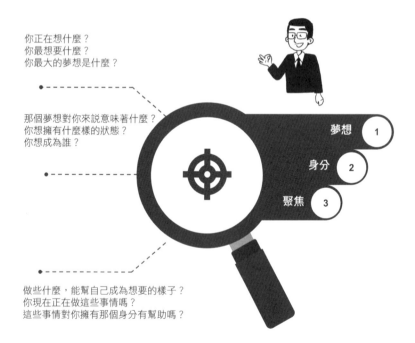

你正在想什麼？
你最想要什麼？
你最大的夢想是什麼？

那個夢想對你來說意味著什麼？
你想擁有什麼樣的狀態？
你想成為誰？

做些什麼，能幫自己成為想要的樣子？
你現在正在做這些事情嗎？
這些事情對你擁有那個身分有幫助嗎？

1 夢想
2 身分
3 聚焦

應用解析

3 種常見的干擾行動原因

經常干擾你行動的人是誰？
例如，你原本計畫晚上要好好看書，但小明忽然來電話，想邀你一起玩電腦遊戲，你想了想，馬上就停止看書了。類似的情況經常發生，說明小明是經常干擾你行動的人。

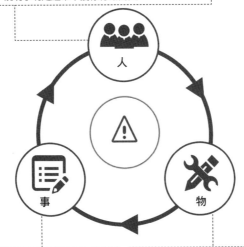

經常讓你放棄行動的事是什麼？
例如，你原計劃要好好健身減肥，打算每天都要去健身房鍛鍊。但最近有足球比賽，如果去健身就會耽誤看球賽，於是你選擇在家看球賽。類似的事件經常發生，這說明看足球比賽是經常讓你放棄行動的事。

經常干擾你行動的物品是什麼？
例如，你本原計劃今晚要好好完成一份專案，但忽然手機響了。你被聊天群組、新聞、影片吸引，忍不住拿起手機玩了 3 個小時。類似的情況經常發生，這說明經常干擾你行動的物品是手機。

專家建議

　　行動受干擾是無法聚焦和落實行動最常見的原因之一。要讓行動聚焦，有效落實行動，首先要學會躲避那些會打亂行動計畫、影響實施行動的人、事、物。干擾少一點，行動才能多一點。

Day 22 時間輪圈：用提問做時間管理

🔒 問題場景：圖解科學化分配一天時間的方法

① 我想做的事情比較多，有時候感覺理不清頭緒，不知不覺時間就不夠用了，該怎麼辦呢？

② 可以嘗試評估這些事情耗費的時間，根據耗時狀況來調整做每件事的時間。

③ 具體怎麼做呢？

④ 首先記錄每件事每天的用時情況，根據屬性給這些事件分類，再算出不同屬性事件耗時的百分比。

⑤ 這是釐清現狀，那接下來怎麼辦呢？

⑥ 接下來就可以經由提問，發現自己應當在哪裡做出調整了。

問題拆解

　　人的時間是有限的，但需求是無限的，在有限的時間裡，不可能做完滿足個人需求的所有事。這時就需要分配自己的時間，把多數時間用來做重要的事，少數時間用來做次重要的事；對於那些不重要的事，甚至可以直接不做。

實用工具

工具介紹

時間輪圈

時間輪圈是評估時間分配的工具，可以分為以下 3 步驟。

第 1 步，檢視每天做的事情，審視平均每天花費在這些事情上的時間，計算得出每件事情占用的百分比。

第 2 步，畫一個圓形，根據用時的百分比，切分這個圓形。

第 3 步，審視整個時間輪圈上的時間分佈，思考當前的狀況是否是自己滿意的，是否需要做出調整。

● 時間輪圈示例 ●

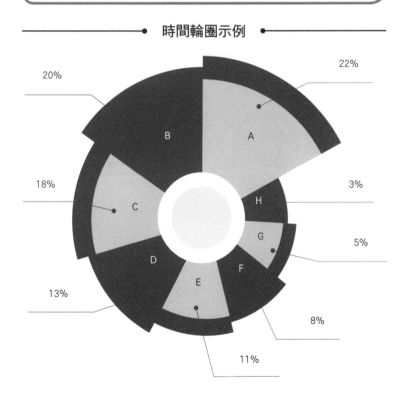

應用解析

● 針對時間輪圈可以問的 4 個問題 ●

看到畫好的時間輪圈後，自己有什麼感受？
畫的時候有沒有發現什麼問題？

最想做的事情是否占了大部分的時間？
是否花了大部分時間做了最重要的事情？

當前的時間分配是自己滿意的嗎？
這個時間輪圈是自己的理想狀態嗎？

如果不做那些既占用時間又低價值的事，會有什麼結果？
是不是可以不做那些既占用時間又毫無意義的事？

專家建議

　　時間輪圈有助於最高效地利用時間，讓人們可以在有限的時間內創造最大的產出。養成運用時間輪圈的習慣，定期評估自己的時間分配情況，有助於不斷提高工作效率，讓自己的生活和工作越來越高效。

Day 23　靶心設定：用提問定行動目標

🔒 問題場景：圖解設定有效目標的「SMART 原則」

1. 我覺得人們不行動還有一個重要的原因，就是沒有目標。每個人都要有明確的目標，這樣才知道應該怎麼做。

2. 你說得太對了！有明確的目標，確實有助於目標的實現。你現在的目標是什麼？

3. 我的近期目標是工作發展得更好，遠期目標是事業有成！

4. 你設定目標的精神可嘉，但這兩個目標顯然都是無效的目標啊……

5. 啊？為什麼是無效的目標？

6. 因為這兩個目標太抽象、不具體、沒有截止時間，也沒辦法評判目標完成的結果如何。

> **問題拆解**
>
> 　　有效的目標才是真目標，設計目標的關鍵不僅在於有沒有目標，也在於目標有沒有效。要保證目標有效，設定時不能只憑感覺、不能想當然爾，應該遵循科學的工具和方法來設計，從而保證目標的有效性。

200 張圖教你學勇敢の問，一天進步一點點！

🔑 實用工具

工具介紹

SMART 原則

設定目標時，應當遵循 SMART 原則，即具體的（Specific）、可衡量的（Measurable）、可以達到的（Attainable）、具備相關性的（Relevant）、有明確截止期限的（Time-bound）

━━━━● SMART 原則詳解 ●━━━━

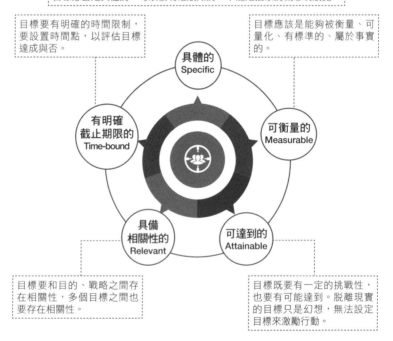

目標應當是具體的、可以被明確感知的，不能是抽象的概念或感覺。

目標要有明確的時間限制，要設置時間點，以評估目標達成與否。

目標應該是能夠被衡量、可量化、有標準的、屬於事實的。

具體的
Specific

有明確截止期限的
Time-bound

可衡量的
Measurable

具備相關性的
Relevant

可達到的
Attainable

目標要和目的、戰略之間存在相關性，多個目標之間也要存在相關性。

目標既要有一定的挑戰性，也要有可能達到。脫離現實的目標只是幻想，無法設定目標來激勵行動。

92

應用解析

評判目標是否符合 SMART 原則

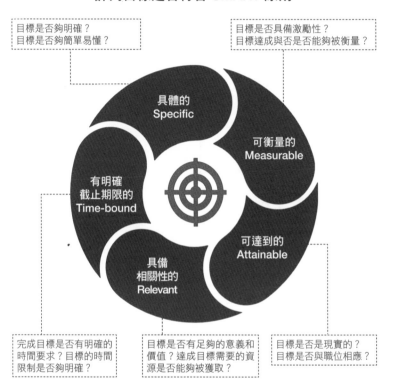

目標是否夠明確？
目標是否夠簡單易懂？

目標是否具備激勵性？
目標達成與否是否能夠被衡量？

具體的
Specific

可衡量的
Measurable

有明確
截止期限的
Time-bound

可達到的
Attainable

具備
相關性的
Relevant

完成目標是否有明確的時間要求？目標的時間限制是否夠明確？

目標是否有足夠的意義和價值？達成目標需要的資源是否能夠被獲取？

目標是否是現實的？
目標是否與職位相應？

專家建議

　　目標可評判、可衡量的背後，是明確的達成條件和事實。例如「今天完成 A 產品的市場價格調研報告」，要事先明確達到什麼條件才能叫完成。這裡的條件，可以是字數方面、內容方面，或呈現方式等等的限制。

Day 24 拆解分層：用提問助目標實現

🔒 問題場景：圖解如何設定出有幫助的次級目標

① 這次我知道怎麼制定目標了，我要把目標改成「兩年內，每月至少用兩天學習職務相關的專業知識、職位再晉升一級」。

② 兩年內，你做到「每月至少用兩天學習職務相關的專業知識」，就能保證「職位再晉升一級」嗎？

③ 那倒不是，學習專業知識主要是為了擴展思維、開拓眼界、提升技能，做到了這些並不能保證晉升。

④ 如果你的次級目標和行動，並不能保證自己實現主要目標，是不是該考慮調整一下次級目標和行動呢？

⑤ 確實如此，您提醒我了，那我該怎麼辦呢？

⑥ 你是不是可以思考一下，自己具體要制定什麼次級目標或做什麼，才能實現晉升這個主要目標呢？

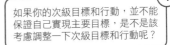

問題拆解

實現主要目標需要次級目標和行動的支援，但什麼樣的次級目標和行動，有助於主要目標的實現需要事先想好。有些表面看上去有助於實現主要目標的次級目標或行動，實際上很可能沒有幫助，這種情況需要及時調整。

實用工具

工具介紹

幫助目標實現的提問

在制定目標後，應當先問自己，什麼樣的次級目標或行動，有助於實現目標？在實現目標的過程中，同樣應定期問自己類似的問題，防止自己最終無法實現目標。

● **幫助目標實現的 4 類提問** ●

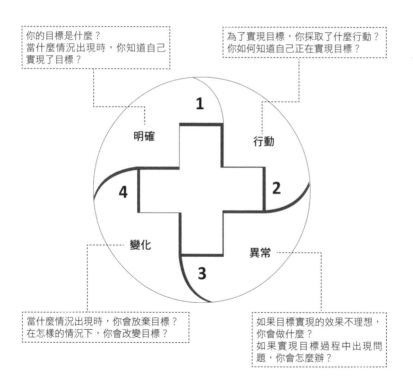

你的目標是什麼？
當什麼情況出現時，你知道自己實現了目標？

為了實現目標，你採取了什麼行動？
你如何知道自己正在實現目標？

當什麼情況出現時，你會放棄目標？
在怎樣的情況下，你會改變目標？

如果目標實現的效果不理想，你會做什麼？
如果實現目標過程中出現問題，你會怎麼辦？

1　明確
2　行動
3　異常
4　變化

👍 應用解析

● 分解目標的案例 ●

> 某餐飲公司近期業績下滑，分析後發現原因是顧客滿意度降低。顧客滿意度低的原因有兩個：一是上餐時間慢；二是菜色口味不穩定。公司決定要提高顧客滿意度，並針對這個目標設置任務目標，邏輯如下。

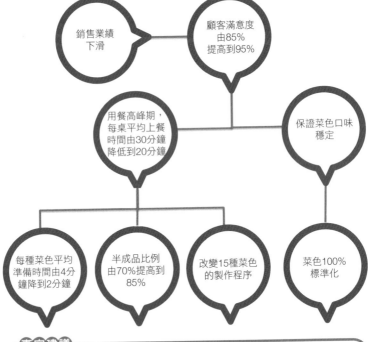

專家建議

　　所謂分解目標，就是將目標從主要目標向次級目標推演的過程。分解目標的最終目的，是將大目標落實到具體行動。如果每個次級目標都可以支援上層目標，當每個次級目標都實現後，最終最上層的目標就能夠實現。

Day 25 行為盤點：找到低效行動根源

🔒 問題場景：圖解避免工作中「低水準勤奮」的方法

1 您提醒我了，要實現晉升的目標，應該先做好工作。自己能力再強，工作做不好也不行啊！

2 做好工作也太籠統了，具體是怎麼做好工作呢？

3 我想想……那應該是工作要有成果，有比較高的績效，才有助於實現目標。

4 具體應該做什麼？要達到什麼水準呢？

5 我想如果我能在兩年內讓部門的業績提升一倍，大概就能得到晉升了！

6 太好了，這個思考邏輯就對了，不過還有一個問題：你平時的工作內容，哪些和提升部門業績相關性大，哪些相關性小呢？

問題拆解

　　很多人平時看起來有所行動、很勤奮、很努力，卻不能取得好結果。究其原因，很可能因為平時總是低水準勤奮狀態，其行動無助於目標實現。要改變這種狀態，就要嘗試發現行動低效的原因。

實用工具

工具介紹

行為盤點

對實現目標有幫助的行為，屬於有效行為。對實現目標沒有幫助的行為，屬於無效行為。

經由檢視行為，及對日常的行為提問，可以區別出有效行為和無效行為。若能做到刻意減少無效行為，增加有效行為的比重，就可以讓行為更高效。檢視行為時，我們可以自問：這個行為對我實現目標有幫助嗎？我當前的行為會導向什麼樣的目標？

行為盤點示例

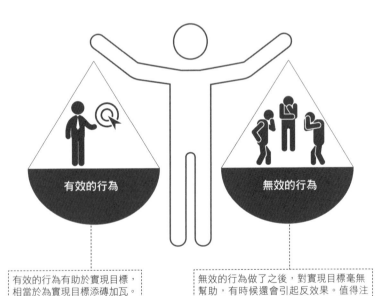

有效的行為有助於實現目標，相當於實現目標添磚加瓦。

無效的行為做了之後，對實現目標毫無幫助，有時候還會引起反效果。值得注意的是，這裡的「有效」和「無效」都是基於完成目標的角度來劃分的。

應用解析

行為盤點案例

某公司生產線管理人員，針對下屬的關鍵行為進行盤點和記錄。記錄的內容包括：行為發生的背景、行為發生的環境、行為的有效性或無效性、行為的後果受個人控制的程度。有位管理人員對下屬在協作性方面的記錄如下。

有效的行為

無效的行為

雖然今天並沒有輪到張三值班，但他還是主動留下來加班，協助同事完成了一份計畫書，讓公司第二天能夠順利與客戶簽訂合約。

公司總經理今天來視察，張三為了表現自己，當眾指出了李四和王五的錯誤，導致同事之間的關係緊張。

專家建議

　　低水準勤奮的源頭，往往源於採取行為前的「無意識」，和採取行為後的「不關注」。不刻意思考該做什麼行為，及不評估行為做出後有沒有達到預期效果，就很容易出現諸多無效行為。

Day 26 構築模式：借提問養成好習慣

🔒 問題場景：圖解有效提升自制力的3個步驟

問題拆解

就像人的智商一樣，人的自制力是有限的，且每個人都差不多。如果每次都靠自制力來控制行為，自制力總有耗盡的時候。習慣是行為的保障，習慣可以讓人的行為在無意識下完成。若能養成一個好習慣，行動將會變得不再痛苦，不行動時反而會覺得不適。

實用工具

工具介紹

好習慣的好處

好習慣不僅有助於實現目標，而且能自然而然地解決懶和拖延的問題。激情是一時的，但習慣是長久的。習慣時時刻刻影響著我們：壞習慣會一直扯我們的後腿，好習慣卻能讓我們受益終生。

好習慣可以分 3 個步驟來養成，分別是固定暗示、反覆操作和即時獎勵。只要在這 3 個維度提問， 就能找到適合自己的養成好習慣方法。

● 養成好習慣的 3 個步驟 ●

習慣是大腦的下意識行為，需要一個觸發條件。
例如，每天早上洗臉刷牙動作的固定暗示，也許是起床穿衣服的動作，或早晨進洗手間的動作。早晨起床穿上衣服就想洗臉刷牙，或早晨到了洗手間就想洗臉刷牙。每個人的固定暗示也許不同，但都可以用來觸發相似的行為。

即時獎勵對養成好習慣至關重要。這種獎勵必須是大腦能感受到的，可以是物質滿足，如好吃的食物；也可以是精神上的滿足，如滿足感或成就感。
例如，想培養自己每天回家先完成作業的習慣，可以事前買一盒巧克力，每天回家作業完成後就吃一塊巧克力作為獎勵。

習慣行為的順序要盡可能保證每次都一樣，程序都相同，至少起始操作一樣。這樣反覆操作，就可能成為習慣。
例如，上課前先從書包中取出教科書，再取出對應的練習冊，最後取出筆記本。假如每次都這麼做，大腦不需要額外做判斷，就很容易養成習慣。

👍 應用解析

● 養成好習慣的 3 個階段 ●

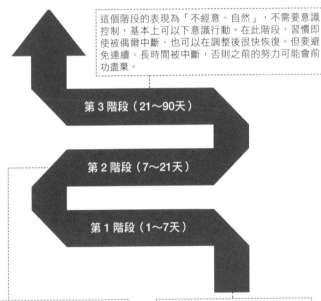

這個階段的表現為「不經意、自然」，不需要意識控制，基本上可以下意識行動。在此階段，習慣即使被偶爾中斷，也可以在調整後很快恢復。但要避免連續、長時間被中斷，否則之前的努力可能會前功盡棄。

第 3 階段（21～90天）

第 2 階段（7～21天）

第 1 階段（1～7天）

這個階段的表現為「刻意、自然」，但還需要意識控制。在此階段，我們需要每天刻意提醒自己，如定鬧鐘、看提示語。有時會覺得，好像偶爾放鬆一下也沒差。為避免這個問題，可以請別人監督，一旦有怠惰，就能及時糾正。

這個階段的表現為「刻意、不自然」。此階段內心最掙扎，尤其當想養成好習慣的衝勁消失之後，就很容易懈怠。此時要提醒自己：哪怕是微小的習慣，養成也沒那麼容易，我們需要拿出 10 倍的時間和精力來完成。

（專家建議）

　　一個好習慣經過這 3 個階段，才能被真正養成，變成本能和下意識的反應。否則，即使最開始熱血沸騰、摩拳擦掌，也可能只是三分鐘熱度。要嘗試養成好習慣，可以先從容易的開始。當成功養成一個好習慣後，就會更有信心養成更多好習慣了。

Day 27　催化系統：借提問促行動執行

🔒 問題場景：圖解利用承諾達成目標的 5 個步驟

①
我有一年給自己設定了讀 30 本書的目標，最後卻沒完成，説來真慚愧。

②
這個目標是不錯，但你缺少一些壓力，所以很容易失敗。

③
那我應該怎麼辦呢？

④
你下次可以把這個目標改一改，改成在公開場合承諾，一年向大家分享 30 本書的讀書心得。

⑤
這個方法聽起來不錯，但做了這個承諾，我要是無法完成就太丟臉了。

⑥
承諾就是用輸出倒逼輸入，利用外部壓力給自己施壓。

問題拆解

　　一定的壓力是產生行動的動力。如果某個目標沒有外部壓力、缺少監督，很容易無法實現。這時候可以嘗試逼自己一把，在公開場合向別人做出承諾，讓周圍的人監督自己完成。

🔑 實用工具

工具介紹

承諾

　　承諾是行動的催化劑，能有效促進行動。當很多行動難以落實時，可以嘗試向別人做出承諾，經由外部環境給自己壓力，從而實現目標。

　　但運用承諾時要注意，有些承諾容易兌現，有些承諾不容易兌現。發掘那些容易兌現的承諾，總結和發掘其中的原因並加以應用，有助於不斷實現更多目標。

● 保證行動承諾的 3 步提問 ●

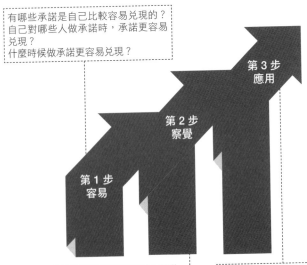

有哪些承諾是自己比較容易兌現的？
自己對哪些人做承諾時，承諾更容易兌現？
什麼時候做承諾更容易兌現？

第 3 步
應用

第 2 步
察覺

第 1 步
容易

為什麼這類承諾更容易兌現？
是什麼讓自己很容易兌現這類承諾？
在兌現這類承諾的過程中，自己是如何做的？

如何在未來應用這類比較容易兌現的承諾，來實現目標，並促進自己採取行動？

應用解析

運用承諾行動的 5 個步驟

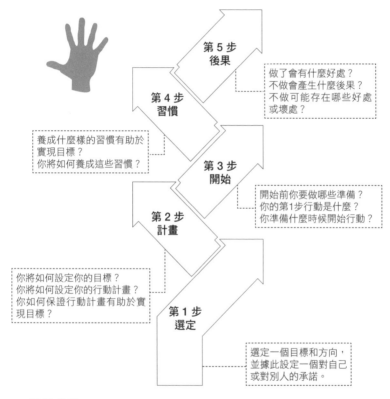

第 5 步 後果

做了會有什麼好處？
不做會產生什麼後果？
不做可能存在哪些好處
或壞處？

第 4 步 習慣

養成什麼樣的習慣有助於
實現目標？
你將如何養成這些習慣？

第 3 步 開始

開始前你要做哪些準備？
你的第 1 步行動是什麼？
你準備什麼時候開始行動？

第 2 步 計畫

你將如何設定你的目標？
你將如何設定你的行動計畫？
你如何保證行動計畫有助於實
現目標？

第 1 步 選定

選定一個目標和方向，
並據此設定一個對自己
或對別人的承諾。

專家建議

　　大承諾是從小承諾開始的。剛開始運用承諾促進行動時，可以先
做一些自己能兌現的小承諾。避免一開始就做大承諾而無法兌現，讓
自己喪失信心。小承諾的兌現不僅有助於建立信心，而且能幫助自己
認清自己能力的邊界。

第 4 章

抓住提問的 9 個 SOP，
問題就能快速解決

本章背景

1. 在我的認知裡，提問就是用來解決不懂的問題，所以有個詞叫「不懂就問」嘛！

2. 獲得知識確實是提問的重要作用之一，但並非唯一作用。

NO!

3. 這一點我還是有認知的，您又是怎麼看待提問的呢？

4. 這本質上是因為人與人之間的訊息不對稱，所以可以經由提問讓訊息互通。

5. 經由提問獲得知識還是很簡單的。

6. 那可不一定，這要看看想獲得的是什麼知識了。如果不懂得根據不同的知識類別，做針對性地提問，很可能問出無效的問題。

背景介紹

　　根據不同類型的知識需求，要有效獲得知識，有 9 類不同、針對性的提問方式，分別是對流程步驟提問、對發展過程提問、對概念定義提問、對預測推理提問、對組成結構提問、對因果關係提問、對客觀事實提問、對原則規律提問和對區別差異提問。

Day 28 明確方法：對流程步驟提問

問題場景：圖解讓員工訓練有效果的方法

 ① 為什麼我做的員工培訓，總達不到預期效果呢？

 ② 也許你應該問：「正確實施員工培訓的流程或步驟是什麼？」你有沒有發覺我們這兩個問題的差異？

 ③ 我感覺好像差別蠻大的，但又說不出差別在哪裡。

④ 你問的問題，沒有導向性地解決這個問題；而我剛才說的這個問題，是在嘗試解決問題。

 ⑤ 您是基於什麼問出這個問題的呢？

  ⑥ 事情沒做好，當然要先問事情該怎麼做才能做好，這是關於流程步驟類的問題。

問題拆解

　　當某個人在某件事上沒做好時，很可能因為這個人不知道如何做，也就是沒掌握做好這件事的流程或步驟。此時可以先針對流程步驟進行提問。只有在確定不是流程步驟類的問題後，才可以針對其他維度進行提問。

🔑 實用工具

工具介紹

流程步驟類提問

流程步驟類提問，是對於某類事物操作過程的提問。當期望學習某項技能時，應當問流程步驟類問題。當期望獲取的知識是某項任務的步驟時，應當問流程步驟類問題。當某件事的可操作性比較強，但不知道操作方法時，同樣應當問流程步驟類問題。

流程步驟類問題是指向「How」的問題，即聚焦於「如何做」。

● 流程步驟類提問回答的 4 個特徵 ●

流程步驟類提問對應的事件，通常可操作性比較強，這類問題往往與實際操作相關。

針對流程步驟類提問的回答，通常是分步驟的，例如完成某任務需要做的第1步、第2步、第3步分別是什麼。

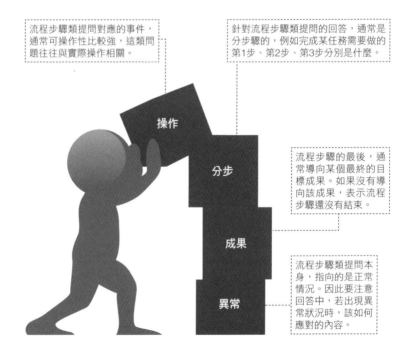

流程步驟的最後，通常導向某個最終的目標成果。如果沒有導向該成果，表示流程步驟還沒有結束。

流程步驟類提問本身，指向的是正常情況。因此要注意回答中，若出現異常狀況時，該如何應對的內容。

👍 應用解析

● 流程步驟類提問案例 ●

這個傢俱賣家不負責安裝，安裝過程看起來好複雜！這可怎麼辦？

別著急，我們來看看安裝這個傢俱的步驟是什麼？

最近公司的採購工作總是頻繁出問題，怎麼辦呢？

讓我們嘗試從流程上找原因，採購的流程是什麼？

新來的員工小明，藍圖設計又出問題了，這孩子怎麼這麼粗心？

先別急著評判，我們來幫小明找找，是藍圖設計的哪個環節出了問題。

專家建議

　　針對流程步驟類提問的回答，須對應某個有步驟的操作方法。如果針對這類提問的回答是「是什麼」或「為什麼」，而非「如何做」，則可以重新申明問題，要求對方回答「如何做」。

Day 29 發現經歷：對發展過程提問

🔒 問題場景：圖解詢問同事工作進展的 3 種維度

① 我該怎麼把工作做好呢？

② 什麼叫好？怎麼評判好呢？

③ 好就是好啊，就是做到周圍人都滿意。

④ 達到什麼程度，周圍人才會滿意呢？

⑤ 這個……我還真得好好想想。

⑥ 也許你想好之後，一開始的問題也就有答案了。

問題拆解

　　流程步驟類提問與方法和動作有關，而發展過程類提問與時間和進展有關。兩者最大的不同之處在於，流程步驟類提問對應的回答，是在操作層面的操作步驟；而發展過程類提問對應的回答，是某個事物的發展變化過程。

實用工具

工具介紹

發展過程類提問

發展過程類提問，是對事物轉變、發展要經歷的過程進行的提問。

當詢問某事物的歷史變化、發展歷程或經歷事件時，都可以用發展過程類提問。發展過程類提問的典型問法是「經歷了什麼」「發生過什麼」「如何發展成為當前狀態的」。

除了問過去之外，發展過程類提問還可以針對現在和未來。

● 發展過程類提問的 3 個維度 ●

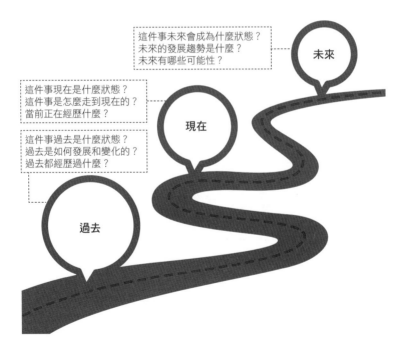

這件事未來會成為什麼狀態？
未來的發展趨勢是什麼？
未來有哪些可能性？

未來

這件事現在是什麼狀態？
這件事是怎麼走到現在的？
當前正在經歷什麼？

現在

這件事過去是什麼狀態？
過去是如何發展和變化的？
過去都經歷過什麼？

過去

👍 應用解析

● 發展過程類提問案例 ●

 這家公司發展得真好，是怎麼發展起來的？

 這家公司發展過程中，經歷過哪些關鍵時刻呢？

 這位董事長白手起家，能走到今天真不容易，不知道是怎麼做的？

 董事長，您從白手起家，到今天擁有一家每年高達百億銷售的上市公司。過程中一定吃了不少苦，您這一路是如何走來的呢？

 印象中這段歷史好像蠻有意思的，具體是哪裡有意思來著？我不記得了。

 在這段歷史時期，都發生過哪些有趣的故事呢？

專家建議

　　發展過程類提問主要是瞭解經歷。這類提問不需要落實到操作某類事件的具體步驟，但如果對經歷中某個具體事件的操作方法感興趣，應該用上一節的流程步驟類問題進一步追問。

Day 30　理解內涵：對概念定義提問

問題場景：圖解問專家，我的店要怎麼提升利潤？

① 我開了家店，現在是我另一半在打理，效益一直不好，我現在該怎麼辦呢？

② 你說的效益具體指什麼呢？

③ 就是開店的利潤啊！

④ 你說的利潤是稅前利潤還是稅後利潤？你說的「不好」，具體指哪方面不好？

⑤ 是稅後利潤，現在稅後利潤是負的，每個月都在虧錢，希望能轉虧為盈。

⑥ 你看，經由對概念做追問，我們可以明確待解決的問題究竟是什麼。

問題拆解

　　人際溝通中，人們總免不了表達一些模稜兩可的概念。對於這些概念，不同人的理解大多不同，這時候可以經由概念定義類的提問，明確概念的定義，讓雙方都能充分理解和認知到這類概念在表達什麼。

實用工具

工具介紹

概念定義類提問

　　概念定義類提問，主要是為了明確某事物的具體定義。問出這類問題的主要目的，通常是讓人們能夠正確認識或識別某個事物。

　　概念定義類提問主要是明確「What」，也就是「是什麼」。

　　概念定義類提問的典型問法是「是什麼含義」「具體指的是什麼」。

● 概念定義類提問回答的 3 個特徵 ●

每種明確的事物都有其特定屬性，概念定義類提問的回答，應表達清楚這種屬性。

概念定義類提問的回答，應有助於清晰地識別出事物，尤其是識別不同事物的區別之處。

概念定義類提問的回答不能有歧義，不能讓人產生多種不同的理解。

👍 應用解析

● 概念定義類提問案例 ●

> 我覺得你這件事情做得不好。

> 你如何定義好與不好？「好」的具體表現是什麼？「不好」的具體表現是什麼？

> 我們應該心繫客戶。

> 「心繫客戶」具體是什麼意思？是要達到一種什麼狀態？

> 老師要重視學生。

> 「重視學生」具體指的是什麼？是要為學生做什麼？

專家建議

　　人們日常溝通時，存在大量圍繞「理念」或「價值觀」層面的溝通。這類內容更像是一種口號，而非可實施、可落地的具體行為。這種情況出現時，需要我們明確概念和定義，將其象化。

Day 31 立足未來：對預測推理提問

🔒 問題場景：圖解問專家，我的店還能「撐」多久？

1 我的店以這種經營狀態運行，不知道還能撐多久？

2 其實能撐多久是可以推算出來的。

3 怎麼推算呢？

4 你可以問「當前平均每個月虧損的金額是多少」以及「自己能夠承受的最大虧損金額是多少」。這樣就能算出來，如果情況沒有變好，這家店還能開多久。

5 這個問題我之前還真沒想過，但確實應該想清楚，不然每天都得過且過，沒有緊迫感。

6 不僅如此，如果你想到了解決方案，還可以問「當解決方案實施後，預估銷售額能達到多少」。

問題拆解

很多時候，未來並不是不可預測的，很多人只是沒有預測未來的思維習慣。想要瞭解未來可能發生什麼，可以用預測推理類提問。根據當前訊息和現有條件，只要掌握足夠的相關數據，未來會發生什麼很可能是有跡可循的。

實用工具

工具介紹

預測推理類提問

預測推理類提問是經由提問，嘗試搞清楚事情的變化規律，預測事情未來的趨勢，探討事物發展的可能性。因此若想知道事物未來可能的走向，可以進行預測推理類提問。

預測推理類提問的典型問法是「未來有哪些可能性」「未來會發生什麼」。

● 預測推理類提問的 4 類延伸 ●

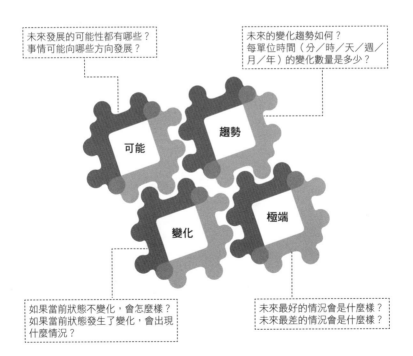

未來發展的可能性都有哪些？
事情可能向哪些方向發展？

可能

未來的變化趨勢如何？
每單位時間（分／時／天／週／月／年）的變化數量是多少？

趨勢

如果當前狀態不變化，會怎麼樣？
如果當前狀態發生了變化，會出現什麼情況？

變化

未來最好的情況會是什麼樣？
未來最差的情況會是什麼樣？

極端

👍 **應用解析**

● 預測推理類提問案例 ●

現在這個問題太嚴重了，到了不得不改的地步。

如果當前的狀態不改變，未來會發生什麼事呢？

我發現最近客戶在大量流失，怎麼辦呢？

導致客戶流失的原因是什麼呢？如果這個原因未改變，未來客戶數量會有什麼樣的變化呢？

這兩個部門溝通一直不順利，真不知道該怎麼辦？

如果我們把兩個部門合併，會發生什麼事呢？

專家建議

　　當沒有趨勢的相關數據支援，不能據此做相對科學的預測判斷時，同樣可以進行預測推理類提問。這時候，可以運用「假如思維」，也就是「如果……會發生什麼……」。這裡的「如果」，代表事物發展的不同可能性。

Day 32　認知拆分：對組成結構提問

🔒 問題場景：圖解影響利潤具體上有哪些因素？

① 關於我的店，利潤增長問題要怎麼解決呢？

② 我們可以用組成結構類提問，做進一步追問。

③ 具體該怎麼應用呢？

④ 我們可以進一步提問，看看利潤是由哪些因素組成的；或者我們可以問「利潤可以被拆分成哪些因素」。

⑤ 銷售額減去成本和費用就是利潤啊，這個我本來也知道，有什麼用呢？

⑥ 你可以接著問，「銷售額可以拆分成哪些因素」以及「成本和費用可以拆分成哪些因素」。

問題拆解

　　要解決某個問題，可以將問題拆分，研究這個問題中的對應要素是由哪些因素組成的，或者哪些因素的變化直接影響著該要素的變化。進行組成結構類提問，有助於拆分和關聯要素之間的組成關係。

實用工具

工具介紹

組成結構類提問

要研究某類事物的分類情況、組成情況、層級情況以及與其他事物的關係情況，可以進行組成結構類提問。

組成結構類提問的典型問法是「某事物是由哪些要素構成的」「某事物是由哪些因素作用後產生的」。

組成結構類提問的 4 個維度

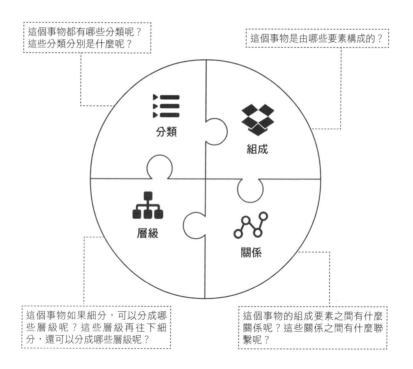

這個事物都有哪些分類呢？這些分類分別是什麼呢？

這個事物是由哪些要素構成的？

這個事物如果細分，可以分成哪些層級呢？這些層級再往下細分，還可以分成哪些層級呢？

這個事物的組成要素之間有什麼關係呢？這些關係之間有什麼聯繫呢？

應用解析

● 組成結構類提問案例 ●

如何提高客流量？

客流量是由哪些要素組成的呢？

如何提高顧客滿意度？

顧客對產品的滿意度都呈現在哪些維度上呢？目前顧客主要對哪些方面不滿意呢？

如何達成銷售業績？

銷售業績都和哪些因素相關呢？這些因素如何作用，以有利於達成銷售業績呢？

專家建議

　　組成結構類提問，可以幫助我們更清晰地認識事物，更全面地解決問題。很多時候，我們以為自己瞭解某個事物，但當深入挖掘這個事物的組織結構關係時，會發現自己可能根本不夠熟悉這個事物的組成關係。

Day 33　理清邏輯：對因果關係提問

🔒 問題場景：圖解問專家，怎麼解決客流量少的問題？

① 現在看起來，我的店利潤差的主要問題，是由於銷售額低。又銷售額低主要是由於客流量少造成的，接下來該怎麼辦呢？

② 接下來我們可以問「為什麼當前的客流量少」或者「是什麼原因造成客流量少」。

③ 那一定是因為產品價格沒有競爭優勢吧。我看有些賣同類產品的店，價格比我們的低，顧客就不少。

④ 這真的是你店客流量少的真實原因嗎？

⑤ 這麼說，應該還有別的原因，我再想想。

⑥ 引起客流量少的因素可能有很多，除了表面上看到的，你可以問「還有什麼原因」，也就是多問「為什麼」。

問題拆解

　　沒有以數據、事實、分析研究和不斷追問為依據，不能靠憑空想像得出事物之間的因果關係。想要得出兩者之間的因果關係，必須要有足夠的證據支撐，要十分謹慎，而且要排除有第三個隱含變數導致這兩個變數變化的可能性。

實用工具

工具介紹

因果關係類提問

　　想搞清楚事物之間的因果關係或相關關係，可以做因果關係類提問。因果關係類提問可以幫助人們搞清楚事物發生的原因，釐清事情背後的邏輯關係。

　　因果關係類提問的典型問法是「為什麼……」「如果……會發生什麼呢」。

● 對因果關係提問的 3 類延伸 ●

對原因

這件事為什麼會發生？
發生這件事的原因都有哪些？
除此之外，還有呢？
這些原因是真實的嗎？

對結果

產生這樣的結果是什麼原因造成的呢？
當哪些事情發生時，會產生這樣的結果？
某件事情發生時，一定會產生這樣的結果嗎？

做排除

這些原因當中，哪些不是產生結果的真正原因？
就算哪些原因不出現，結果依然可能發生？
哪些原因和結果，其實是相關關係而非因果關係？

應用解析

● 因果關係類提問案例 ●

專家建議

　　因果關係類提問的目的是解決問題。生活中，相關關係是比較常見的，相較之下因果關係並不常見。因果關係類提問，並非最終一定要得出事物因果關係的結論才有價值，很多時候，能得出相關關係的結論，同樣具有解決問題的作用。

Day 34　總結本質：對客觀事實提問

🔒 問題場景：圖解如何應對競爭對手的價格更低？

1 競爭對手價格比較低這個問題，該如何應對呢？

2 你要注意，這是客觀事實嗎？

3 這怎麼不是客觀事實呢？我去競爭對手店裡看過了，價格確實比較低。

4 競爭對手是每種產品的價格都低嗎？會不會只是某幾種產品價格特別低，其他產品價格更高呢？會不會只是營造了一種價格很低的「感覺」呢？

5 這麼說來，我還真沒注意。

6 另外，就算因為競爭對手的價格低而顧客多，但這樣真的會賺錢嗎？會不會只是賠本賣？

問題拆解

　　事物表象給人帶來的感受不一定是事實。感受是主觀的，而事實是客觀的。要瞭解事物背後的事實，可以經由圍繞事物發生的本質不斷提問實現。透過現象看本質，看到事物背後真實的樣子，需要針對客觀事實提出問題。

🔑 實用工具

工具介紹

客觀事實類提問

客觀事實類提問，是針對事物的本質和真實狀態的提問，也就是對發生了什麼進行的客觀上提問。

客觀事實類提問的典型問法是「……背後的本質究竟是什麼」「……的真相是什麼」「……的事實是什麼」。

● 對客觀事實提問的 3 類延伸 ●

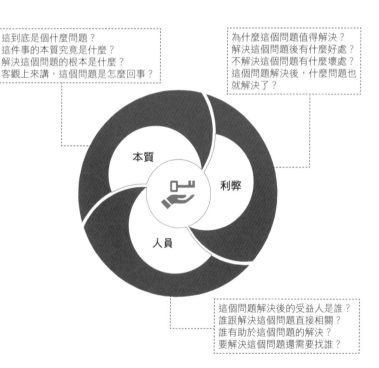

這到底是個什麼問題？
這件事的本質究竟是什麼？
解決這個問題的根本是什麼？
客觀上來講，這個問題是怎麼回事？

為什麼這個問題值得解決？
解決這個問題後有什麼好處？
不解決這個問題有什麼壞處？
這個問題解決後，什麼問題也就解決了？

本質

利弊

人員

這個問題解決後的受益人是誰？
誰跟解決這個問題直接相關？
誰有助於這個問題的解決？
要解決這個問題還需要找誰？

應用解析

● 客觀事實類問題案例 ●

專家建議

　　想養成對客觀事實類提問的習慣，要先避免把對客觀事件的評價，延伸到對他人人格或品質的評價，以及避免把對事的評判，延伸到對他人理念或價值觀上評價。總之就是要就事論事，聚焦於事，而非聚焦於人。

Day 35 共性應用：對原則規律提問

🔒 問題場景：圖解問專家，怎麼增加新客戶的數量？

① 我要怎麼做，才能增加新客戶的數量呢？

② 這個問題很難一概而論，不同的店、不同的做法，效果都不一樣，你可以多嘗試幾種，然後為自己的店找出規律。

③ 我之前還真試過不少方法，有的有效，有的效果不明顯。

④ 根據你以往的經驗，做什麼活動可以增加新客戶的數量呢？

⑤ 你這突然一問，我還真回答不上來，主要因為這方面的規律我之前沒總結過。

⑥ 那你可以總結一下規律，根據規律來安排下一步的行動計畫。

問題拆解

　　生活中存在很多原則和規律，經由提問發掘出這些原則和規律，並依據這些原則和規律採取行動，有助於更高效地解決問題。原則和規律有通用的，也有針對特定領域而獨有的，區分出通用的和獨有的，能更加精準地解決問題。

🔑 **實用工具**

┌─ **工具介紹** ─────────────────────────────┐

原則規律類提問

　　原則規律類提問，是對事物背後遵循的原則和規律進行的提問。有 4 類延伸，分別是能做什麼、不能做什麼、該做什麼和不該做什麼。

　　原則規律類提問的典型問法是「……的原則是什麼」「……的規律是什麼」「……的要求是什麼」。

└──────────────────────────────────────┘

● 原則規律類提問的 4 類延伸 ●

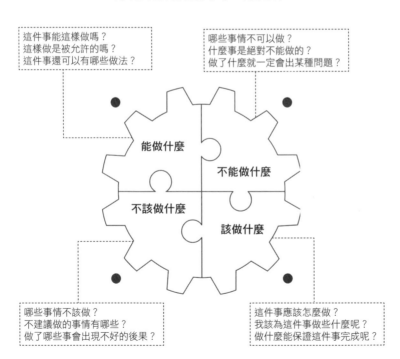

這件事能這樣做嗎？
這樣做是被允許的嗎？
這件事還可以有哪些做法？

哪些事情不可以做？
什麼事是絕對不能做的？
做了什麼就一定會出某種問題？

能做什麼

不能做什麼

不該做什麼

該做什麼

哪些事情不該做？
不建議做的事情有哪些？
做了哪些事會出現不好的後果？

這件事應該怎麼做？
我該為這件事做些什麼呢？
做什麼能保證這件事完成呢？

👍 **應用解析**

原則規律類提問案例

（專家建議）

　　職場中，要養成先說原則的習慣。如果事先沒有告訴對方自己的原則是什麼，就不能怪對方沒有尊重自己的原則。相反地，如果對方沒有事先說明自己的原則、規律、要求，可以提前問對方。

Day 36　決策識別：對區別差異提問

🔒 **問題場景：圖解打折或送贈品，哪種促銷活動好？**

1. 為了提高業績，我想做個促銷活動，一種是滿額打折，一種是送贈品，哪種促銷形式更好呢？

2. 這兩種促銷形式有什麼不一樣呢？

3. 一種是買夠一定的金額，就可以享受打折優惠；一種是將某種產品買夠一定金額，可以贈送其他產品。

4. 你店裡當前的產品庫存情況怎麼樣呢？

5. 當前產品的庫存量比較多、品類雜，而且有不少即期品。

6. 聽起來做送贈品促銷的效果更好一點，可以消化店裡的庫存產品。

問題拆解

　　在兩個方案中做抉擇時，要知道它們有哪些不同。可以經由提問，發現這些不同之處在哪些方面、可能產生哪些不同的結果，從而決定選擇哪個方案。區別差異類提問，正是為實現這一目標而存在的。

實用工具

工具介紹

區別差異類提問

區別差異類提問,是探究事物之間相同之處和不同之處的提問。特別適合於做比較,可經由發現事物之間的區別和差異,得出結論或做出抉擇。

區別差異類提問的典型問法是「……之間有什麼相同之處」「……之間有什麼不同之處」。

● **區別差異類提問的兩大維度** ●

A 和 B 之間有什麼相同之處?
相同之處的占比是多少?
相同之處完全相同嗎?
所謂的相同會不會只是相似?

相同

不相同

A 和 B 之間有什麼不同之處?
A 和 B 的本質不同嗎?
不同之處的差異主要在哪裡?
這種不同會指向什麼結果?

🖒 應用解析

區別差異類提問案例

A 方案和 B 方案，我該選哪個？

你認為 A 方案和 B 方案之間主要存在哪些不同呢？

我家想買一把椅子，該選什麼款式呢？

椅子都有哪些分類呢？這些分類有什麼樣的功能特色和搭配特徵呢？

這兩款手機的價格差不多，我應該買哪一款呢？

這兩款手機在功能上有什麼不同呢？

專家建議

　　獲得知識的 9 類提問可以單獨使用，也可以視情況結合在一起使用。日常溝通中，人們最容易犯的錯誤是，該問 A 類問題的時候，問成了 B 類問題，結果往往達不到提問的目的。例如想知道某件事該怎麼做，應做流程步驟類提問，而非概念定義類提問。

第 5 章

大腦枯竭時，
不如用這些有效率、
有創意的技巧

本章背景

1 我最近發現員工的工作積極性普遍比較差，應該怎麼解決這個問題呢？

2 你可以經由提問來解決這個問題。

3 啊？我現在不是已經在向你提問了嗎？

4 不是向我提問，我又不是你的團隊中積極性差的員工，怎麼能給出有效的答案呢？你要向這個問題提問。

5 向問題提問？什麼意思？

6 提問可以用來解決問題。解決問題的方式，就是向問題提問。

背景介紹

　　解決問題時，可以經由提問的方式來明確真正的問題，發現問題的優先順序，找到問題背後的邏輯關係，釐清問題的邏輯順序，激發創新和找到解決方案，並經由提問將方案最終落實到行動。

Day 37 發掘核心：提出問題到解決問題

🔒 問題場景：圖解改善員工積極度的 4 個步驟

① 那對於「員工的工作積極性普遍比較差」這個問題，我應該怎麼向問題提問呢？

② 首先，你要將問題拆解。這個問題中包含「員工」和「工作積極性普遍比較差」兩大要素。

③ 是啊，然後呢？

④ 先圍繞「員工」這個要素提問，你可以問「是哪些員工」「這些員工有什麼共同特徵」「如何與這些員工有效溝通」等問題。

⑤ 原來如此，這些問題確實值得深究。

⑥ 再圍繞「工作積極性普遍比較差」這個要素提問，你可以問「工作積極性普遍比較差的具體表現是什麼」「是什麼原因造成員工的工作積極性普遍比較差」。

問題拆解

　　只有明確待解決的問題，才能有效地解決問題。要解決問題，首先可以向問題本身提問，找到待解決的問題究竟是什麼。提問的方式，是將問題拆解成不同要素，發掘每個要素內部的根本問題。

實用工具

工具介紹

經由提問,解決問題的 4 個步驟

經由提問解決問題,要向問題本身提問,將問題拆解,發掘問題根源,找到待解決的核心問題,從而解決問題。經由提問來解決問題,可以分成 4 個步驟進行,分別是明確問題、制定策略、落實行動和評估結果。

—————● 提問解決問題的 4 個步驟詳解 ●—————

明確問題是解決問題的第 1 步。有的問題是表層問題,有的問題是深層問題。只有發掘問題的根源,明確深層問題,問題才能被真正解決。

制定策略是解決問題的第 2 步。圍繞明確的問題,制定相應的解決方案。解決方案要創新、要研討、要選擇,最終經由提問,選定解決問題的方案。

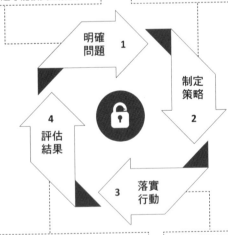

評估結果是解決問題的第 4 步。有的方案落實行動後能達到預期結果,有的無法達到預期結果,這時要進行評估,形成經驗。

落實行動是解決問題的第 3 步。方案本身不能解決問題,只有落實到具體行動,才能解決問題。

應用解析

提問解決問題 4 個步驟對應的問題

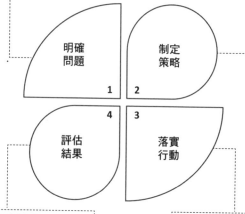

要解決的問題究竟是什麼？
這是什麼問題？
這個問題為什麼重要？
為什麼要解決這個問題？
還有沒有別的問題要解決？

如何解決這個問題？
解決這個問題可以有幾種方法？
這些方法分別有哪些利弊？
哪一種方法更適合解決問題？
這些策略需要什麼樣的資源？

採取的行動達到預期了嗎？
選擇的策略有效嗎？
達到預期結果了嗎？
問題得到解決了嗎？
採取別的策略和行動會不會更好？

如何落實行動？
具體應當做什麼？
行動的具體步驟是什麼？
行動可能遇到的困難是什麼？
第1步應該如何開始？

專家建議

　　子曰：「吾有知乎哉？無知也。有鄙夫問於我，空空如也，我叩其兩端而竭焉。」意思是：孔子說，有些事我也不知道，當有人來問我，我就把問題從正反兩端來反問他，問題就不解自明了。可見解決問題的人也不一定一開始就知道答案，而是經由提問來找到答案。

Day 38　探尋源頭：找準問題的真正根源

🔒 問題場景：圖解用自問「為什麼?」找出解決方法

① 我應該怎麼發現「員工的工作積極性普遍比較差」這個問題背後的深層原因呢？

② 你可以多問幾個為什麼。例如，為什麼員工的積極性不高呢？

③ 這個我還真沒研究過，會不會是嫌薪水低呢？

④ 那麼，這個問題應該問誰才能找到根源呢？

⑥ 對啊，我們自己想像的，往往都是原因背後的結果。要找到結果背後的原因，就要找到癥結，嘗試發現「真問題」。

⑤ 看來我得去問一問員工了。

問題拆解

　　明確問題遠比解決問題更重要。如果沒有找準問題，明確要解決的問題到底是什麼，就盲目解決表層問題，必然達不到預期效果。明確問題就是找到問題的根源究竟在哪裡，這必須找到問題的本質。

實用工具

工具介紹

連續問為什麼

當出現問題時，可以先問幾個為什麼，直到找到問題的真正原因。
然後針對造成問題的真正原因，尋找解決方案。

───●── **連續問為什麼，查找問題的流程** ──●───

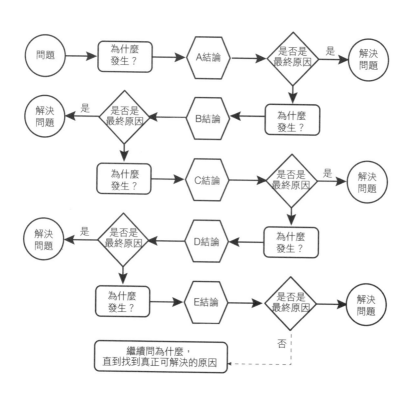

應用解析

● 某財務部「連續問為什麼」案例 ●

某公司財務系統升級專案的階段性進展比預期晚，以下示範運用「連續問為什麼」的方法查找原因。

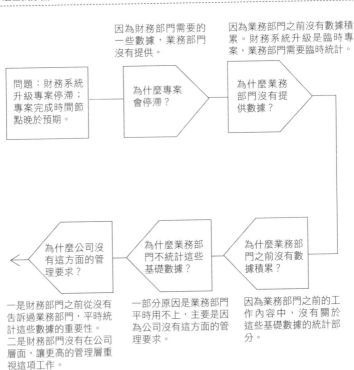

因為財務部門需要的一些數據，業務部門沒有提供。

因為業務部門之前沒有數據積累。財務系統升級是臨時專案，業務部門需要臨時統計。

問題：財務系統升級專案停滯；專案完成時間節點晚於預期。

為什麼專案會停滯？

為什麼業務部門沒有提供數據？

為什麼公司沒有這方面的管理要求？

為什麼業務部門不統計這些基礎數據？

為什麼業務部門之前沒有數據積累？

一是財務部門之前從沒有告訴過業務部門，平時統計這些數據的重要性。二是財務部門沒有在公司層面，讓更高的管理層重視這項工作。

一部分原因是業務部門平時用不上，主要是因為公司沒有這方面的管理要求。

因為業務部門之前的工作內容中，沒有關於這些基礎數據的統計部分。

專家建議

針對問題持續問為什麼、查找原因的時候，要注意以下幾個方面。
1. 不要只找外部原因，要從內部找原因。
2. 不要只找客觀原因，要從主觀上找原因。
3. 不要只找次要原因，要從頂層出發找主要原因。

Day 39　評價分級：如何確定問題重要性

🔒 問題場景：圖解判斷下屬問題重要性的 3 個面向

1 下級有時候會向我提出很多問題，我認為以既有資源不足以全部解決，這時候怎麼辦呢？

2 既然現有資源無法全部解決，你認為能怎麼辦呢？

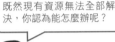

3 我認為應該先解決最重要的問題，忽略其他不重要的問題。

4 你的這個觀點是正確的，資源有限的時候，必須先解決最重要的問題。

5 可是如何確定哪些問題是重要的呢？

6 可以從可能性、頻繁度和嚴重性3個維度，來判斷待解決問題的重要性。

問題拆解

　　當待解決的問題較多時，應確定解決問題的優先順序。可以從判斷重要性入手，優先解決那些重要的問題。對於那些不重要的問題，可以延緩解決；如果時間不夠，可以暫時不解決。

實用工具

工具介紹

問題重要性評價

要判斷問題的重要性，可以從問題發生的可能性、頻繁度和嚴重性 3 個維度來判斷。方法是分別給這 3 個維度賦分，經由綜合分析和計算，得出對問題重要性的評價。

● 問題重要性評價的 3 個維度 ●

問題發生的可能性指問題發生的機率大小。機率越大，問題發生的可能性越大。

問題發生的頻繁度，指在一定時間內，問題出現的次數。有時候，雖然問題並不是很嚴重，但當頻繁度足夠高時，問題產生的影響依然較大。

問題發生後的嚴重性，指問題對應後果的嚴重程度。有的問題也許發生的頻繁度不高，但一旦發生，後果可能很嚴重。

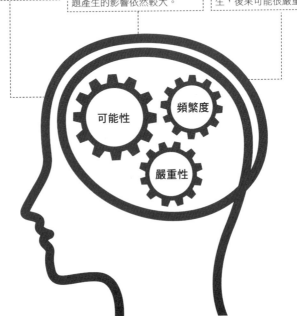

📱 應用解析

—————————● 問題重要性評價賦分案例 ●—————————

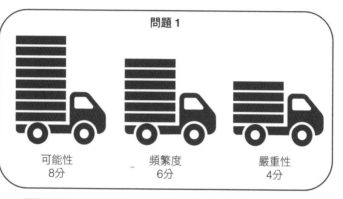

問題 1

可能性
8分

頻繁度
6分

嚴重性
4分

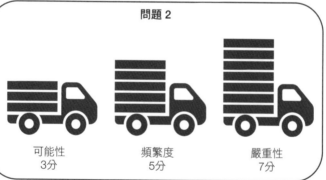

問題 2

可能性
3分

頻繁度
5分

嚴重性
7分

專家建議

　　評價問題的重要性時，可以給問題的可能性、頻繁度和嚴重性 3 個維度分別賦分。每個維度可以根據其程度高低，設置 1～10 分。
　　問題優先順序指數＝可能性×頻繁度×嚴重性。

Day 40 提問順序：黃金圈法則釐清邏輯

🔒 問題場景：圖解工作上遇到瓶頸該怎麼突破？

① 我想出版一本小說，但我的寫作基礎很差，之前除了考試，沒怎麼用心寫過文章，我該怎麼辦呢？

② 你可以從現在開始每天堅持寫作，鍛鍊自己的寫作能力。

④ 具備寫作能力只是寫成小說的前提，寫出來不一定能出版。圖書出版有一套標準流程，走這套流程的前提是，你的稿件要通過初審。你現在工作做得好好的，為什麼想寫小說呢？

③ 我確實欠缺寫作能力，增強寫作能力後就能出書了吧？

⑤ 我現在工作發展遇到一些瓶頸，不知道該如何改變和突破。我看你出了那麼多書，所以想寫小說。

⑥ 尋求改變和突破有很多方法，你可以先從自己擅長的領域嘗試。再說，書也不是只有小說這一種類型，我之前出的工具書，都是我擅長的領域。

〔問題拆解〕

　　上面的案例中，雖然問的是如何增強寫作能力，但首要問題顯然並不是如何增強寫作能力，而是如何突破當前的工作發展瓶頸。這時候，問者需要搞清楚的首要問題是「做什麼有助於自己突破工作發展瓶頸」。從問者的工作情況來看，寫小說顯然不是一個明智的選擇。

實用工具

工具介紹

黃金圈法則

　　西蒙·斯涅克（Simon Sinek）提出了「黃金圈法則」。黃金圈分為3個部分，最內圈是 Why（為什麼），中間層是 How（怎麼做），最外層是What（做什麼）。

　　大部分人的思考方式、行動方式、交流方式都是由外向內的，即What → How → Why 的過程；而許多成功的領袖或管理者，其行動和交流方式是從內向外的，即 Why → How → What 。

黃金圈法則示例

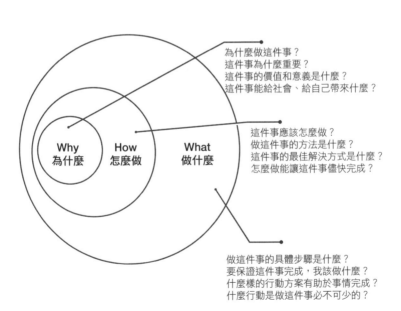

為什麼做這件事？
這件事為什麼重要？
這件事的價值和意義是什麼？
這件事能給社會、給自己帶來什麼？

Why
為什麼

How
怎麼做

What
做什麼

這件事應該怎麼做？
做這件事的方法是什麼？
這件事的最佳解決方式是什麼？
怎麼做能讓這件事儘快完成？

做這件事的具體步驟是什麼？
要保證這件事完成，我該做什麼？
什麼樣的行動方案有助於事情完成？
什麼行動是做這件事必不可少的？

👍 應用解析

• 黃金圈法則應用案例 •

① 為什麼尋求改變？你想要獲得什麼？

先問
為什麼

② 我不喜歡平平淡淡、按部就班的工作，但如今就處於這種狀態，我覺得自己的工作發展遇到了瓶頸，想要改變現狀。

③ 你認為什麼樣的狀態能達到你的要求呢？你腦海中有沒有這樣的畫面呢？

再問
怎麼做

④ 我比較喜歡表達，喜歡有創造性的工作。我腦海中有時候會出現一幅畫面，是自己站在臺上講話，我覺得那種狀態很好。

⑤ 你當前的基礎如何？做什麼最有可能讓自己達到那樣的狀態？實現那幅畫面呢？

最後問
做什麼

⑥ 我目前的專業知識掌握得較少，表達能力也沒有到能上臺講話的程度。我覺得還是要多學習專業領域的技能，有機會多練習上臺講話。

專家建議

　　如何養成良好的思維習慣，用好黃金圈法則？不要一開始就思考該做什麼、該如何做，也不要把大量時間花在思考這類問題上。而是應該先思考意義和價值，而且應該把至少 50% 的時間用在思考這類問題上。

Day 41　周全考量：問清問題的 6 個維度

🔒 問題場景：圖解把問清楚問題的方法「5W1H」

① 問個問題怎麼這麼麻煩？我之前一直以為有疑惑直接開口問就好了。

② 直接開口問是一種勇氣，但將問題問得恰到好處是一種技巧，熟練應用這種技巧，提問就可以昇華成一項技能。

③ 我現在也體會到了，提問確實是一項技能。問題的品質，直接影響能夠獲得的訊息品質。

④ 沒錯，好的問題能幫助我們達到目的、實現目標。不好的問題會讓溝通變得無效。

⑤ 有時候對某件事，我總覺得自己問得不夠全面，問了 A，好像忽略了 B；問了 A 和 B 好像又忽略了 C。如何讓提問全面有效呢？

⑥ 這種情況適合用工具化的思維解決，5W1H 就是能幫助我們實現全面問清問題的有效工具。

問題拆解

　　提問人人都會，只要勇氣足夠就能問出口。但未經研判、隨口而出的問題往往品質不高，也達不到預期效果。問出有水準的問題，是一項技能。想把問題問得全面、清楚，可以借助 5W1H 工具。

實用工具

工具介紹

5W1H是什麼？

5W1H 不僅是一種工具，還是一種分析方法、思考方法，甚至是一種創造方法。它告訴人們不論對什麼事，都可以從 6 個方面提出問題、進行思考。運用這個工具能有效釐清思維、開展行動，並有效地達成目標。

● 5W1H 示例 ●

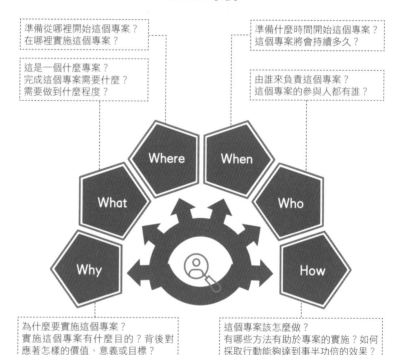

準備從哪裡開始這個專案？
在哪裡實施這個專案？

準備什麼時間開始這個專案？
這個專案將會持續多久？

這是一個什麼專案？
完成這個專案需要什麼？
需要做到什麼程度？

由誰來負責這個專案？
這個專案的參與人都有誰？

為什麼要實施這個專案？
實施這個專案有什麼目的？背後對應著怎樣的價值、意義或目標？

這個專案該怎麼做？
有哪些方法有助於專案的實施？如何採取行動能夠達到事半功倍的效果？

應用解析

● 某公司產品研發專案的 5W1H 案例 ●

某公司研發部門開展對某產品的研發專案，按照5W1H提出的問題如下表所示。

5W1H	現狀	原因	改善	確認
Why 目的	研發該產品 有什麼目的	為什麼是這樣 的目的	還有沒有其他 的目的	確認目的 是什麼
What 產品	要研發 什麼產品	為什麼要研發 該產品	能不能研發 別的產品	確認研發 什麼產品
Where 場所	從哪開始入手， 在哪裡實施操作	為什麼從那裡 入手	能不能從別的 地方入手	確認從哪裡 開始入手
When 時間	什麼時候做	為什麼在那個 時間做	能不能在別的 時間做	確認在什麼 時間做
Who 作業人員	由誰來做	為什麼由 那個人做	能不能由其他 人來做	確認由誰來做
How 方法	具體怎麼做	為什麼那麼做	有沒有其他的 方法	確認用什麼 方法做

專家建議

　　無論是梳理現狀、挖掘原因、找到改善之處，還是確認重要事項，5W1H 都能助我們一臂之力。

Day 42 腦力激盪：用提問激發創新方案

🔒 問題場景：圖解激發團隊創意的5個步驟

① 現在我們遇到了產品創新疲乏的問題，有沒有什麼方法，能激發出團隊更多的創新和創意呢？

② 可以試試腦力激盪法。

③ 這個方法我知道，之前我們用過幾次，可好像沒什麼效果就沒有再用了。

④ 你們是怎麼用的呢？

⑤ 就是團隊在一起開會討論問題啊，可是討論到最後總是創意太多、太發散。有時候你一句我一句，說著說著就偏離主題了。

⑥ 也許不是腦力激盪法這種工具不好，而是你們使用這個工具的時候，方法有問題。

問題拆解

　　群體智慧總是大於個體智慧，運用腦力激盪法，能夠激發群體智慧。但群體智慧需要多人參與，如果管控不得當，激發過程中也可能產生較多內耗，反而達不到效果。

實用工具

工具介紹

腦力激盪法

　　腦力激盪法是一種群體決策的工具，所有參與者經由平等地提出關於某個主題的思考，獲得豐富多樣的想法，並經過討論，得出最佳的可行方案。這種方法可以被廣泛應用在各類團隊場景中，用來討論工作、產生新的想法或解決複雜的問題。

腦力激盪法的 5 個步驟

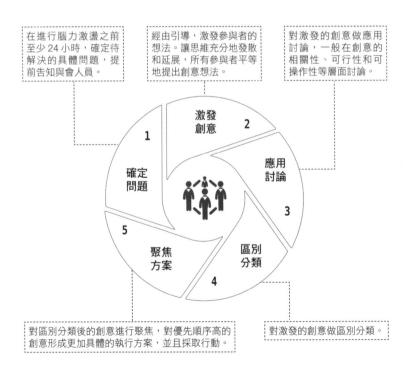

在進行腦力激盪之前至少 24 小時，確定待解決的具體問題，提前告知與會人員。

經由引導，激發參與者的想法。讓思維充分地發散和延展，所有參與者平等地提出創意想法。

對激發的創意做應用討論，一般在創意的相關性、可行性和可操作性等層面討論。

對區別分類後的創意進行聚焦，對優先順序高的創意形成更加具體的執行方案，並且採取行動。

對激發的創意做區別分類。

155

👍 應用解析

●━━━━ 實施腦力激盪法常見的 4 大問題 ━━━━●

腦力激盪會議沒有提前準備，導致與會人員不知道會議的目標，不瞭解討論的主題，大量時間浪費在瞭解目標和主題上，占用了思考的時間。

很多腦力激盪會議產生的點子很多，但實際的想法有限。會議最後變成了天馬行空的思維漫遊，沒有形成有用的解決方案。

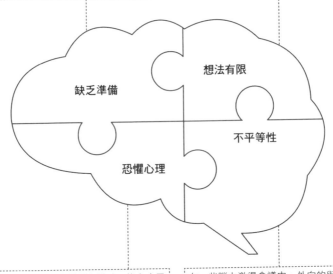

缺乏準備

想法有限

不平等性

恐懼心理

很多人參加腦力激盪會議時，擔心自己的想法和別人不同，會給自己帶來負面評價，故意迎合別人的想法，隱藏不同的意見。

在一些腦力激盪會議中，外向的與會人員表達了大量的意見，內向的與會人員卻沒有機會表達意見。類似情況還表現在職位高低的差異上。

專家建議

很多腦力激盪會議的效果達不到預期、不能解決問題，不是因為這一個工具沒有用，而是因為沒有被正確運用。常見於以下幾個原因：事前沒有做好準備，應用過程沒有做好管控，應用之後沒有做好總結。

Day 43　思維激盪：用提問探討解決方案

🔒 問題場景：圖解使腦力激盪順利進行的方法

① 腦力激盪法這個工具雖好，但在實施過程中常覺得有點混亂，有沒有什麼工具可以幫我們平穩有序，又不失活力地激發創意呢？

② 可以試一試 6 頂思考帽這個工具。

③ 您說什麼帽呢？

④ 6 頂思考帽是一種思維工具，用 6 種顏色的帽子代表 6 種不同的思維模式。

⑤ 用處是什麼呢？

⑥ 這個工具在激發大家思維的同時，又不至於使人思維混亂，有助於思維的發散和聚焦。

問題拆解

　　在腦力激盪會議中，創意想法的產生、發散、擴展、聚焦、整合等環節，常常做得不好，原因之一是與會人員沒有按照正確的方法思考。而思考方法同樣有工具可以借助，6 頂思考帽就是比較好的創意產生工具。

🔑 實用工具

工具介紹

6頂思考帽

6頂思考帽是一種思維工具，用6種顏色的帽子代表6種不同的思維模式。這個工具可以在一個人思考問題的時候應用；也可以用於多人參與的會議中，作為激發大家思維，又不至於使人思維混亂的工具，有助於思維的發散和聚焦。

使用6頂思考帽的關鍵，在於排列不同顏色的帽子的順序，不同的排列順序，能夠取得不同的思維結果。

● 6頂思考帽示意圖 ●

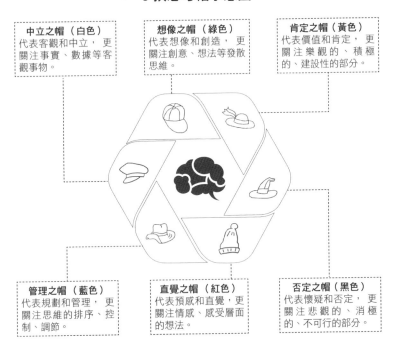

中立之帽（白色） 代表客觀和中立，更關注事實、數據等客觀事物。

想像之帽（綠色） 代表想像和創造，更關注創意、想法等發散思維。

肯定之帽（黃色） 代表價值和肯定，更關注樂觀的、積極的、建設性的部分。

管理之帽（藍色） 代表規劃和管理，更關注思維的排序、控制、調節。

直覺之帽（紅色） 代表預感和直覺，更關注情感、感受層面的想法。

否定之帽（黑色） 代表懷疑和否定，更關注悲觀的、消極的、不可行的部分。

應用解析

● **6 頂思考帽在腦力激盪法中的應用** ●

使用白色思考帽，客觀精準地陳述問題。

使用綠色思考帽，所有參與者暢所欲言地提出解決方案。

使用黃色思考帽，尋找解決方案的優點。

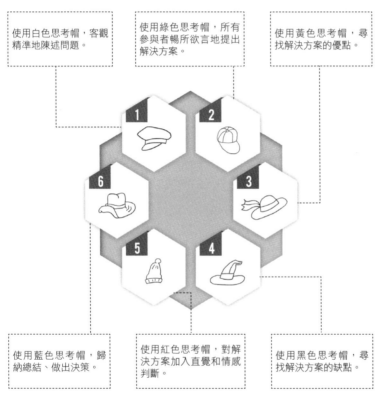

使用藍色思考帽，歸納總結、做出決策。

使用紅色思考帽，對解決方案加入直覺和情感判斷。

使用黑色思考帽，尋找解決方案的缺點。

專家建議

　　6 頂思考帽是非常靈活的工具，針對不同的場景、解決不同的問題，可以有不同的使用順序。要想有效應用它，就要掌握其背後的思維邏輯。

Day 44 ┃ 4 類評估：用提問選擇合適方案

🔒 問題場景：圖解問專家，有很多方案時該怎麼抉擇？

① 有時候腦力激盪法會得出很多方案，我們要依次把每個方案都試一遍嗎？

② 時間和資源是有限的，多數情況下很難把所有方案都試一遍。

③ 那怎麼辦呢？

④ 如果方案多，要嘗試先評出優先順序，選擇優先順序高的方案實施。優先順序低的方案，則可以延後實施或不實施。

⑤ 具體怎麼做呢？

⑥ 可以用座標軸法，把方案依照有效性和可行性劃分，把方案分成 4 類。

問題拆解

當腦力激盪後出現的方案較多時，馬上逐一實施並非效率最高的選擇。因為如果先實施的方案有效性和可行性都較差，可能會造成資源浪費。比較可行的做法，是先對這些方案進行分類，選擇有效性和可行性好的方案先實施。

160

實用工具

工具介紹

方案評估選擇

如何選擇適合的方案，可以從有效性和可行性兩個維度來篩選。

有效性代表對方案結果的預期，指的是方案實施後可能帶來的成效。方案畢竟沒有正式實施，所以這裡的有效性，對應的是方案可能的結果。

可行性指的是具備實施方案需要的素質、能力、訊息、資源等要素，這些能夠在一定程度上確保方案有效執行。

方案評估選擇詳解

高	**C 類** 第三選擇方案，雖然預期有效性較高，但可行性較差，也許是那種「看起來很好」，卻不值得執行的方案。	**A 類** 最優選擇方案，發現這類方案後，應在第一時間執行。
中	**D 類** 最不應該選擇的方案，既不具備可行性，又不具備預期有效性。時間有限時，這類方案不應採納。	**B 類** 次優選擇方案，雖然預期有效性較差，但具備較高的可行性。如果時間充裕，可以嘗試執行。
低	低	中　　　　　高

有效性　　　　　　　　　　　　可能性

應用解析

方案評估選擇案例

某公司的顧客數量有減少趨勢，公司期望增加顧客數量，經過腦力激盪會議後，列出的備選方案一共有7個。分別是：召開新產品推介會、加大零售終端的投放力度、邀請名人做廣告代言、重新開發老用戶、增加宣傳海報的印刷數量、大量投放自媒體廣告和拍攝新的宣傳廣告。

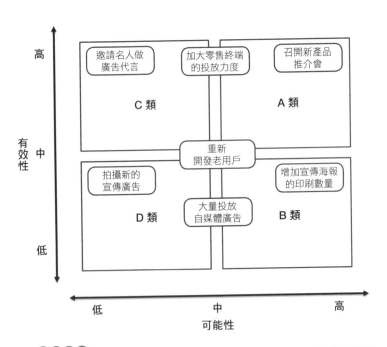

專家建議

座標軸法是一種通用的分類方法，經由對兩個軸賦予不同的含義，進行不同的賦值，可以得出不同的分類情況。

Day 45 6 個關鍵：用提問促進方案執行

🔒 問題場景：圖解讓工作能徹底執行的 6 個關鍵

① 為什麼平時有很多方案，最終都無法落實呢？

② 你是怎麼落實行動的呢？

③ 就是把方案實施下去啊，找到負責人，然後跟進結果。

④ 但如果是多人參與的情況，負責人有權限調動其他人嗎？負責人知道這件事正確的實施步驟嗎？負責人有足夠的意願做這件事嗎？

⑤ 這個……這些問題我沒考慮過……

⑥ 如果沒有嘗試過從這些角度提出問題及有效回答問題，那方案無法落實可能也不奇怪了。

問題拆解

　　不是簡單地把要做的事情告訴負責人，方案就能落實到行動，負責人就能把方案完成。這其中涉及負責人和相關執行人員的組織問題、人員能力問題、人員動機問題、方案訊息的對稱性問題、達成方案的資源問題和時間問題等。

實用工具

工具介紹

方案落實行動的 6 個關鍵問題

　　要讓方案有效落實到行動，需要在 6 個維度上提出問題。這 6 個維度分別是人員、能力、動機、訊息、資源、時間。其中，人員、能力和動機是聚焦在人的層面；訊息、資源和時間是聚焦在事的層面。

方案落實行動的 6 個關鍵問題示例

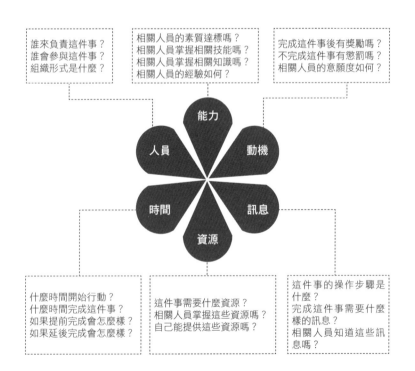

應用解析

方案落實行動的關鍵問題評估

	人員	能力	動機	訊息	資源	時間
需求情況	👤👤👤👤	🔋	📣	🗄	✋	▤
當前狀況	👤👤	🔋	📣	🗄	✋	≫
需要補充	👤	🔋	0	0	✋	▤

專家建議

　　方案不能落實行動的原因有很多，從整個系統上說，通常是在開始行動前，沒有認真思考和盤點落實行動需要些什麼，或不清楚當前存在哪些不足、還需要補充什麼。

第 6 章

用提問一邊表達質疑，
一邊養成獨立思考的訓練

本章背景

1. 任老師，您怎麼還喝咖啡？喝咖啡對健康可是有很大危害的啊！

2. 啊？你為什麼這麼說呢？

3. 我以前看一些網路文章說咖啡對健康有害，而且害處還不小呢！

4. 真的是這樣嗎？你懷疑過這些內容可能是假的嗎？

5. 假的？我沒想過，這個……仔細想想，確實有可能！

6. 有時別人給的訊息是有誤的，也許我們應該學習一下如何質疑！

背景介紹

　　人們很容易輕信身邊的訊息，尤其很容易不假思索地接受對自己不利的訊息。然而這些訊息往往不一定是客觀真實的，會對人的認知造成誤導。這時候，就需要具備批判思維，不輕信、不盲從，而提問可以幫助自己建立這種批判性思維。

Day 46　批判思維：人為什麼不喜歡質疑

🔒 問題場景：圖解人們傾向選擇相信的 4 大原因

1 奇怪了，為什麼我看到一則訊息後，會不自覺地選擇相信呢？

2 願意相信別人代表純真善良，這是人的本性。如果別人說什麼都不信，那人類的生產協作就難以運行了。

3 可是面對周圍那麼多可能不正確的訊息，我們要如何辨別呢？

4 要養成獨立思考的習慣，凡事經過深度思考後再做判斷，而不是看到什麼就立即輕信或盲從。

5 如何養成獨立思考的習慣呢？

6 可以在大腦中設置一個「警衛」，養成看到訊息後，多問「這是真的嗎」的習慣。確認訊息是真的後，才將其儲存進大腦。

問題拆解

　　我們每天可能都接觸到很多虛假訊息，要摒棄輕信和盲從，最好的辦法是養成獨立思考的習慣。方法是接收到某類訊息後，不直接儲存進大腦，而是先將其放入一個「待檢驗區」，通過檢驗後再將其納入知識庫。

實用工具

工具介紹

質疑

　　質疑是必不可少的思維。質疑的好處有 5 個，分別是保持自己的價值觀，活出自我；預防虛假訊息，防止被騙；建立獨立思考的習慣，鍛鍊思維；找出事實到底是什麼，挖掘真相；找到問題的癥結，解決問題。

● 質疑的 5 個好處 ●

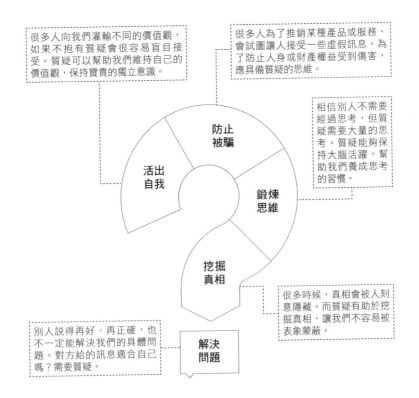

很多人向我們灌輸不同的價值觀，如果不抱有質疑會很容易盲目接受。質疑可以幫助我們維持自己的價值觀，保持寶貴的獨立意識。

很多人為了推銷某種產品或服務，會試圖讓人接受一些虛假訊息。為了防止人身或財產權益受到傷害，應具備質疑的思維。

相信別人不需要經過思考，但質疑需要大量的思考。質疑能夠保持大腦活躍，幫助我們養成思考的習慣。

防止被騙

活出自我

鍛鍊思維

挖掘真相

很多時候，真相會被人刻意隱藏。而質疑有助於挖掘真相，讓我們不容易被表象蒙蔽。

別人說得再好、再正確，也不一定能解決我們的具體問題。對方給的訊息適合自己嗎？需要質疑。

解決問題

應用解析

● 阻礙質疑的 4 大原因 ●

一些固有的思維習慣會影響質疑的能力。例如習慣相信媒體上的訊息、習慣不假思索地相信看到的文章。

印象會讓我們對人或事產生某種固有的想法或立場，有時候很難產生懷疑。例如對張三的印象是工作積極的正面形象，就很難質疑張三有不好的一面。

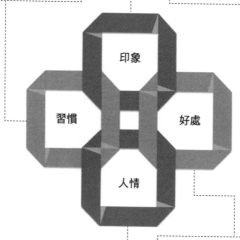

習慣

印象

好處

人情

當對方説出某個觀點時，立即質疑對方是不禮貌的行為，不利於建立人際關係。

有時候，盲目相信能給自己帶來某種心理上的好處。例如不喜歡吃草莓的人看到一篇報導，説草莓有大量的農藥殘留，這時就很容易相信這則訊息。

專家建議

　　需要注意的是，雖然人們應具備質疑思維，但不需處處存疑。不應總是質疑周圍的一切，變成「疑心病患者」，變得誰也不信，甚至變得固執己見、自以為是。質疑思維的本質是不盲信，而不是什麼都不信。

Day 47 前提成立：如何對論點提出質疑

🔒 問題場景：圖解問專家，網路上的商品該更便宜嗎？

**① ** 網路上賣的東西應該更便宜，可為什麼我最近買的一款產品，價格比實體店面還高呢？

**② ** 你為什麼認為網路上賣的東西應該更便宜呢？

**③ ** 大家不都這麼說嗎？

**④ ** 「大家」是誰？「都」是什麼意思？

**⑤ ** 你這麼一問，我竟無言以對……

**⑥ ** 因為你一開始的「網路上賣的東西應該更便宜」，這個論點就是不對的。

問題拆解

　　做判斷時，首先要確保自己的論點是正確的，如果一開始的論點不對，基於論點得出的所有判斷，可能都會有問題。所以，對論點要保持謹慎的態度，不能輕信某個論點一定正確，即便這個論點是很多人認為的「常識」。

實用工具

工具介紹

質疑論點的 3 個維度

要質疑論點，可以從 3 個維度切入，分別是觀點、例外和科學。
在觀點維度可以問：這個論點是一種觀點嗎？
在例外維度可以問：這個論點存在例外情況嗎？
在科學維度可以問：這個論點在科學領域有相關研究嗎？

質疑論點的 3 個維度示例

很多論點實際上是觀點，觀點是主觀的，不同的人可能持有不同的觀點。 例如某人認為「秋天就應該多吃飯，為迎接寒冬做準備」，有人則不這麼認為。

只要存在例外，論點就不成立。 例如某人說「用了這個產品，保證能達到某效果」，對所有人來說都這樣嗎？答案是否定的，所以這個論點是錯的。

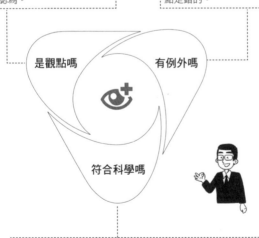

是觀點嗎

有例外嗎

符合科學嗎

有的論點根本不符合科學，這時候可以參照科學領域的研究成果，例如「喝咖啡到底對人體有沒有害？」

應用解析

對論點提出質疑的案例

論點:最有效的社交活動就是大家一起坐下來吃飯。
點評:這顯然是一種觀點。

論點:只要勤奮,最終就能成功。
點評:很多人很勤奮,但最終卻沒成功,例外極多,顯然這個論點是不正確的。

論點:我能讓水經由化學反應變成油,做了一份商業計畫書,希望大家投資。
點評:這根本就不符合科學。

專家建議

　　提出質疑時,應先質疑論點。論點是很多判斷的前提,當發現對方的論點錯誤時,基於該論點產生的一切判斷或推演,都將不成立。

Day 48　充足證據：如何對論據提出質疑

🔒 問題場景：圖解質疑論據的 3 個面向

① 現在做直播真是太賺錢了，我在考慮要不要也去做。

② 你是基於什麼得出這個結論和判斷呢？

③ 我有個網友，前一陣開始做直播，現在收入倍增。

④ 你的這個論據是個例。不能因為一個人成功就做出結論，你有沒有想過失敗的案例有多少呢？

⑤ 這個我還真沒想過。

⑥ 況且你也不知道這位網友背後都付出了什麼，別人的成功自有道理。沒有用心去研究別人的方法，就盲目跟風，很可能以失敗告終。

問題拆解

　　人們很容易陷入「倖存者偏差」，也就是只盯著那些成功的案例，既不去看很多失敗的案例，也忽略成功案例背後的付出。這種選擇的論據不能證明論點，是很多人常犯的錯誤。

🔑 實用工具

工具介紹

質疑論據的 3 個維度

　　要質疑論據，可以從 3 個維度切入，分別是個例、反面和真實性。在個例維度可以問：這個論據是個例嗎？在反面維度可以問：這個論據考慮反面情況了嗎？在真實性維度可以問：這個論據是真實的嗎？

●───── 質疑論據的 3 個維度詳解 ●─────

個體情況並不能代表整體情況；個例的問題並不能代表整體的問題；個例並不能科學地證明某個論點。
例如張三每天複習半個小時，學習效果就很好，這不代表所有人的複習時間都應該設置成半小時。

是個例嗎？

反面呢？

真實嗎？

論據要考慮反面情況，不能因為在某個維度上是好的，就代表全是好的。例如有人認為應該多吃糖，因為吃糖可以使人快樂，但吃糖同樣也會讓人變胖。

論據應當是真實的，不能是編造的。例如，某論據聲稱是某大學某專家的最新研究成果，但該大學根本沒有該專家，也從沒有人進行過該項研究。

應用解析

對論據提出質疑的案例

論據：小明每天窩在床上玩電腦，但考試成績不差，所以沒必要好好學習。
點評：小明能代表所有人嗎？

論據：劇烈運動後熱量消耗較大，能夠產生減肥效果，所以劇烈運動有助於減肥。
點評：劇烈運動不會對身體造成傷害嗎？

論據：這個減肥藥非常有效，你看使用前和使用後的照片對比。
點評：這照片明顯是後製過的吧？

專家建議

　　論據如果出問題，就沒有辦法證明論點，但不代表論據有問題的話，論點就一定是錯誤的。有時是因為論據錯誤，所以得出了錯誤的論點；但有時論點是對的，只是選擇的論據錯了。

Day 49 邏輯精準：如何對論證提出質疑

問題場景：圖解人們常犯的5種論證錯誤

1 最近不知道怎麼了，每次拿起手機看5分鐘就當機，看來我就不該沒事老看手機啊！

2 你的邏輯真奇怪，這分明是手機壞了吧……

3 啊？哈哈哈，是啊，我該去修修手機了。

4 你這是典型的沒有搞清楚因果關係，所導致的論證錯誤。

5 可能是因為我最近總是在強迫自己少看手機，就把兩者聯繫到一起去了。

6 平時如果懂得質疑，這類問題就不容易出現了。

問題拆解

　　除論點和論據外，論證過程也容易出問題，所以對論證也應當存疑。質疑論證不同於質疑論點和論據，論證出現的問題通常是邏輯問題，隱蔽性更強，如果不留意，就不容易被察覺。

🔑 **實用工具**

工具介紹

質疑論證的 5 個維度

要質疑論證，可以從常見的 5 種論證錯誤入手，從不可比性、因果問題、自相矛盾、以偏概全和主觀判斷 5 個維度切入。

在不可比性維度可以問：這些事物可以拿來比較嗎？比較得出的結論正確嗎？

在因果問題維度可以問：論證過程中的因果關係正確嗎？

在自相矛盾維度可以問：論證過程是否有自相矛盾之處？

在以偏概全維度可以問：論據的樣本數量，足以支撐結論嗎？

在主觀判斷維度可以問：論證過程客觀嗎？是否存在主觀因素？

常見的 5 種論證錯誤

把兩個不具備可比性的事物放在一起比較，從而得出錯誤的結論。例如，成人比幼兒的力氣大，所以幼兒不喜歡鍛鍊身體。

搞不清楚事物之間的因果關係，從而得出錯誤的結論。例如，很多同事都喜歡和我聊天，因為我每天噴香水。

論證的過程出現了矛盾，無法得出結論。例如，只要提高產品的價值，就能提高銷量。然而產品價格提高，很有可能會讓銷量降低。

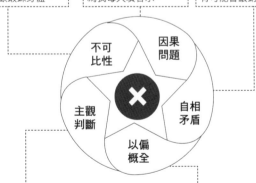

經由主觀的判斷來做出論證，得出結論。例如我們 10 個人中有 8 個人認為可以經由培育技術，讓西瓜長成任何形狀，所以這個結論是對的。

經由片面的訊息來判斷全面的結果。例如有項針對蔬果愛好社團的 100 位成員做調查，結果顯示 60% 的人喜歡吃蘋果，所以 60% 的社會大眾喜歡吃蘋果。

應用解析

論證問題案例

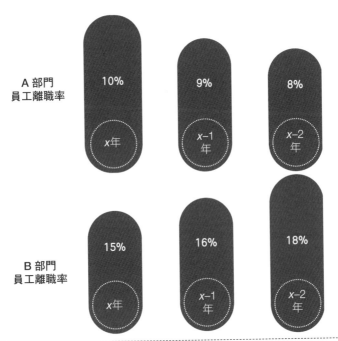

A 部門
員工離職率

| 10% | 9% | 8% |
| x年 | $x-1$年 | $x-2$年 |

B 部門
員工離職率

| 15% | 16% | 18% |
| x年 | $x-1$年 | $x-2$年 |

如果只看 x 年的數據，張三得出了「A部門管理者帶團隊的水準，優於B部門管理者帶團隊水準」此錯誤結論。為什麼是錯誤結論？
一是考慮「$x-1$年」（前1年）和「$x-2$年」（前2年）的情況，A部門離職率實際上是每年增長的，B部門離職率實際上是逐漸遞減的；二是A部門和B部門的工作環境、工作性質等不同，直接比較兩個部門的離職率是有問題的，就像在拿蘋果和橘子相比。

專家建議

　　具備可比性的事物，相比較的意義更大，例如，相較之下「蘋果與橘子相比」的意義不大，而「蘋果與蘋果相比」更有意義。把不具備可比性的事物放在一起比較，很容易得出錯誤的結論。

Day 50　精確無誤：如何對數據提出質疑

🔒 問題場景：圖解問專家，我的薪水是不是太低了？

① 公司給我的薪水太低了，我很不開心。

② 你為什麼會有這樣的想法？

③ 我在一個網站上看過關於平均工資的調查結果，我現在的薪水比平均工資低。

④ 那個網站是如何做的統計？是如何得到數據的呢？參與調查的人是誰，有多少？怎麼保證這些人填寫數據的真實性呢？

⑤ 您的意思是，這個調查結果不一定可信？

⑥ 是的，非權威的媒體進行的不專業調查，得出的結論怎麼能全信呢？

問題拆解

　　人們常說「數據會說話」「數據就是真理」，實際上這些理解並不確切。數據確實可以幫助人們做決策，但如果來源有問題它本身就是錯誤的，或者運用不當，那麼數據反而會誤導人們。

實用工具

工具介紹

質疑數據的 4 個維度

要質疑數據,可以從 4 個維度切入,分別是來源、真實性、精確性、導向性。

在來源維度可以問:數據是怎麼來的?
在真實性維度可以問:數據真實有效嗎?
在精確性維度可以問:數據足夠精確嗎?
在導向性維度可以問:數據能導向結論嗎?

● 質疑數據的 4 個維度示例 ●

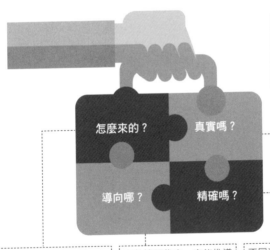

虛假的數據不能作為有效的證據。在這個維度,要注意數據是否真實、是否能查證、會不會是某人編造的。

怎麼來的?

真實嗎?

導向哪?

精確嗎?

數據的來源決定品質。在這個維度,要注意數據是如何獲取的,是否是道聽塗說的或源於小道消息。

有數據不代表一定能推導出結論。在這個維度,要注意數據和結論之間的關係是什麼,數據是否能指向結論。

不同事項對數據的精確度要求不同。在這個維度,要注意數據是否夠精確,是否能達到該事項的要求。

👍 **應用解析**

數據問題案例

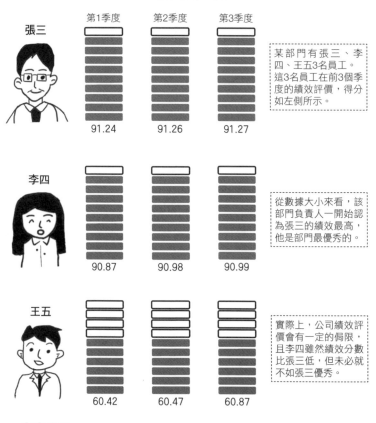

某部門有張三、李四、王五3名員工。這3名員工在前3個季度的績效評價，得分如左側所示。

從數據大小來看，該部門負責人一開始認為張三的績效最高，他是部門最優秀的。

實際上，公司績效評價會有一定的侷限，且李四雖然績效分數比張三低，但未必就不如張三優秀。

專家建議

　　任何形式的數據推算都存在一定誤差，就連火箭發射如此追求精確的事項，都允許微小的數據誤差存在，更不要說平時生活中用到的很多數據了。數據是人們研究問題的參考，人們應當追求精確性，卻不能期望它是絕對精確的。

Day 51 恰當有效：如何對圖形提出質疑

🔒 問題場景：圖解問專家，把數據轉為圖形更精確嗎？

① 數據可能有問題，但圖形不會說謊吧？以後我要將數據轉化成圖形。

② 圖形和數據一樣，同樣有可能說謊，同樣需要質疑。

③ 為什麼？公司以前開會的時候，總經理還特意強調要把數據轉化成圖形呢！

④ 你都說「把數據轉化成圖形」了，數據如果有問題，圖形當然也可能有問題囉！

⑤ 喔，這麼說我就明白了。

⑥ 不僅如此，圖形運用不當，也可能使我們產生誤解。

問題拆解

　　圖形雖然看起來直觀，但因為圖形的底層邏輯源於數據，所以一樣需要質疑。另外，圖形還可能存在很多應用層面的問題，這些問題可能引導人們得出錯誤的結論，所以不要盲目地相信圖形。

實用工具

工具介紹

質疑圖形的 4 個維度

要質疑圖形，可以從 4 個維度切入，分別是來源、客觀性、恰當性和有效性。

在來源維度可以問：圖形源於數據嗎？這些數據來源於哪裡呢？

在客觀性維度可問：圖形是對數據客觀真實的反映嗎？

在恰當性維度可問：圖形的呈現形式恰當嗎？

在有效性維度可問：圖形能有效地證明結論嗎？

● 質疑圖形的 4 個維度示例 ●

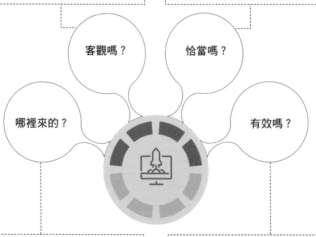

圖形也許是直觀的，但不一定是客觀的，運用得當的圖形數據能強化和突出事實，運用不當則可能會隱藏事實。

每種圖形都有其適合的應用場景，用錯圖形反而畫蛇添足。例如，該用直條圖的時候，卻用了折線圖或散佈圖。

客觀嗎？

恰當嗎？

哪裡來的？

有效嗎？

圖形是否完全源於原始數據、原始數據是否準確、來源是否有保障等等，都決定了圖形能否證明結論。

圖形不一定能有效地證明結論，要評估圖形和結論之間的關聯性，這一點與數據的導向性維度類似。

🔼 應用解析

●━━━━━━━━━ 圖形問題案例 ━━●

　　某公司做員工滿意度調查，問卷中的選項包括「滿意」「不滿意」「折衷」3項，得到的結果如下表所示。

選項	選擇人數	占比
滿意	1000人	36.4%
不滿意	900人	32.7%
折衷	850人	30.9%
合計	2750人	100.0%

> 將相同的原始數據轉化為圖形，可以得到如下兩種不同的圖形形態。這兩張圖給人完全不同的直觀感受，為什麼呢？

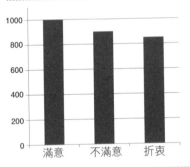 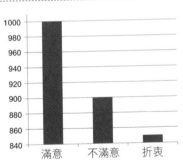

> 左右兩張圖的不同之處，在於縱軸的起始數據。如果想客觀反映問題，應呈現左圖；但如果有人想粉飾結果、掩蓋問題，可以用右圖。 這也可能出現在粉飾業績的變化情況：經由改變縱軸的起始數據，讓增長不多的業績，從視覺上看起來變得增長很多。

專家建議

　　用表格呈現出的數據，具有不加修飾的客觀性。一旦把表格中的數據轉換成圖形，雖然從感官上看相對直觀，但有時候反而會讓人們產生誤解。圖形如果運用得不好，有時候會讓本來顯而易見的結論走調。

Day 52　理性客觀：如何對結論提出質疑

🔒 問題場景：踐踏草皮真沒水準？那可不一定……

① 前幾天看到同事過馬路的時候踐踏草皮，本來對他印象還挺好的，現在覺得他真沒水準。

② 你這個結論下得有點重了吧……

③ 不對嗎？那他踐踏草皮代表什麼呢？

④ 踐踏草皮的確是不好的事，但就因此判斷他沒素質恐怕不妥吧，因為你並不瞭解事情的全部啊！

⑤ 說起來也是，也許他有什麼重要的急事吧！

⑥ 對人做判斷的時候，最好就事論事，而且要瞭解事情的前因後果，不要直接對人的品格做評價。

問題拆解

踐踏草皮只是事情的表象，表象背後的本質是什麼我們並不知情。因此經由事物的表象，直接判斷人的品格是不恰當的，是一種錯誤的得出結論的過程。人們在得出結論的過程中經常出現邏輯問題，提出質疑有助於發現這些問題。

🔑 **實用工具**

工具介紹

質疑結論的 5 個維度

要質疑結論，可以從 5 個維度切入，分別是對錯、因果、倖存、抽象和單一。

在對錯維度可以問：結論是對事物的完全肯定或完全否定嗎？

在因果維度可以問：論據和結論之間存在因果關係嗎？

在倖存維度可以問：當前結論的論據充足嗎？

在抽象維度可以問：當前的結論是抽象的總結嗎？

在單一維度可以問：當前的結論，是論據可以得出的唯一結論嗎？

● **常見的 5 種結論錯誤** ●

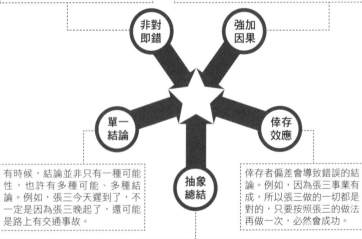

很多人覺得在對人或事做判斷時，得出的結論不是對的、就是錯的；不是黑的、就是白的。但很多人或事，並不是非黑即白。

A事件發生之後又發生了B事件，這時候有些人會片面認為B事件是由於A事件而產生的。例如公司調薪了，張三離職了，於是得出結論：張三離職是因為公司調薪了。

有時候，結論並非只有一種可能性，也許有多種可能、多種結論。例如，張三今天遲到了，不一定是因為張三晚起了，還可能是路上有交通事故。

倖存者偏差會導致錯誤的結論。例如，因為張三事業有成，所以張三做的一切都是對的，只要按照張三的做法再做一次，必會成功。

非對即錯　強加因果　倖存效應　抽象總結　單一結論

基於事實做抽象總結要十分謹慎。例如，張三每餐點外送，家裡明明有廚房和廚具，但他卻不自己做飯，這說明張三不會做飯，這個抽象總結顯然有問題。

應用解析

● 結論問題案例 ●

某公司銷售部門員工張三的考核結果如下表所示。

考核項	S（卓越）	A（優秀）	B（良好）	C（一般）	D（較差）
銷售額	√				
毛利額			√		
回款率		√			
新客戶開發	√				
費用控制				√	

張三的考核結果如下面的雷達圖。

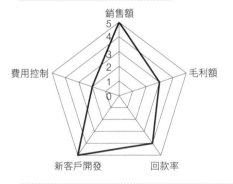

從上表和圖能夠看出，張三在費用控制這一項得分最低，毛利額這一項得分中等，於是得出張三工作成果普通的結論。 但實際上，這5項考核維度的重要性如下表所示。

考核項	占比
銷售額	60%
毛利額	5%
回款率	10%
新客戶開發	20%
費用控制	5%
合計	100%

費用控制和毛利額的重要性僅占5%，銷售額的重要性為60%，兩者的重要性相差甚大，因此並不能由於張三這兩項做得不夠好，就得出張三工作成果不出色的結論。

專家建議

　　人或事是多面、複雜的。看人或看事，不應用「是非觀」得出要麼好、要麼不好；要麼行、要麼不行等結論。而應用「維度觀」，明確好在哪、不好在哪。按照維度區分，分門別類地判斷，才能得出客觀的結論。

189

第 7 章

如何用提問使工作確實、
績效加分、上司讚賞

本章背景

1 我覺得自己最近和上級的溝通出問題了。

2 什麼問題？

3 我總是不知道上級想要什麼。開會的時候，我好像都聽懂了，但真到了要執行的時候，卻不知道該怎麼做。

4 那你準備怎麼辦呢？

5 我也不知道怎麼辦，所以才來問您啊。

6 問題出在你和上級之間，你不是應該向上級提問嗎？

背景介紹

　　向上管理時也應用到提問，提問可以引導上級的思維，引導上級採取某種行動，挖掘出上級知道但自己不知道的訊息，獲得上級腦中的知識。必要時，也可以經由提問質疑上級的觀點。

Day 53　構建信任：向上提問注意事項

🔒 問題場景：圖解向上級提問時，該注意的 4 件事

1. 下級向上級提問，也太奇怪了吧！我總覺得這樣顯得不禮貌。

2. 只要提問方式得當，不僅不會不禮貌，反而有助於建立信任關係。

3. 會嗎？那我回去可一定要多向上級提問。

4. 向上級提問雖然是好事，但有事沒事提問也不一定好。

5. 也就是說問多了並不一定好，是吧？

6. 向上提問要有膽量，也要有謀劃。

問題拆解

　　根據溝通方向的不同，可以分為與上級溝通、與平級溝通和與下級溝通。提問也是如此，可以分成向上提問、向平級提問和向下提問。對上級的提問與另外兩種不同，要注意使用頻率，也要注意使用技巧。

實用工具

工具介紹

向上提問

與上級溝通時，適時提問能夠增進上下級間的信任感，有助於開展工作。向上提問時要注意 4 點，分別是：搞清楚什麼值得問、想清楚提問目的、注意提問態度，以及思考可以圍繞問題做哪些進一步延伸和探討。

● 向上提問的 4 點注意事項 ●

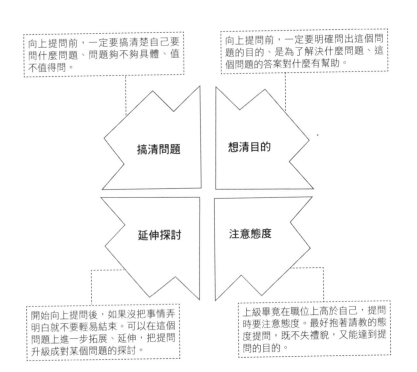

向上提問前，一定要搞清楚自己要問什麼問題、問題夠不夠具體、值不值得問。

向上提問前，一定要明確問出這個問題的目的、是為了解決什麼問題、這個問題的答案對什麼有幫助。

搞清問題

想清目的

延伸探討

注意態度

開始向上提問後，如果沒把事情弄明白就不要輕易結束。可以在這個問題上進一步拓展、延伸，把提問升級成對某個問題的探討。

上級畢竟在職位上高於自己，提問時要注意態度。最好抱著請教的態度提問，既不失禮貌，又能達到提問的目的。

應用解析

向上提問的 4 點禁忌

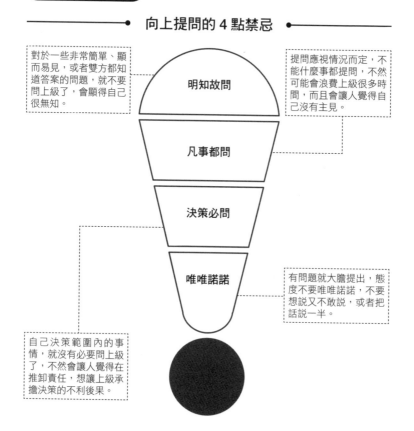

對於一些非常簡單、顯而易見，或者雙方都知道答案的問題，就不要問上級了，會顯得自己很無知。

明知故問

提問應視情況而定，不能什麼事都提問，不然可能會浪費上級很多時間，而且會讓人覺得自己沒有主見。

凡事都問

決策必問

唯唯諾諾

有問題就大膽提出，態度不要唯唯諾諾，不要想說又不敢說，或者把話說一半。

自己決策範圍內的事情，就沒有必要問上級了，不然會讓人覺得在推卸責任，想讓上級承擔決策的不利後果。

專家建議

　　在職場上，要珍惜每一次向上提問的機會。嚴謹、高效、有深度、針對性高的問題，能彰顯自己的專業性，也能顯示出自己積極進取、主動思考、虛心好學的態度，並提升上級對自己的好感。

Day 54 4 維聆聽：經由提問瞭解全貌

🔒 問題場景：圖解向上級提問時，抓住關鍵訊息的方法

問題拆解

　　不理解上級表達的訊息，通常是因為沒有獲得充足的訊息，沒有掌握事情的全貌。想充分獲得並理解上級傳遞的訊息，首先要學會聆聽。當發現自己聆聽後仍有疑惑時，應當主動向上級提問。

實用工具

工具介紹

聆聽的 4 個維度

　　上級交代工作後，下級需要經由聆聽來瞭解工作的全貌。聆聽上級的訊息有 4 個維度，分別是：上級想表達的是什麼、為什麼要表達這些訊息、上級在想什麼，以及上級期望自己做什麼。把這 4 個維度的訊息全部弄清楚，才算弄清楚事情的全貌。

● 聆聽的 4 個維度示例 ●

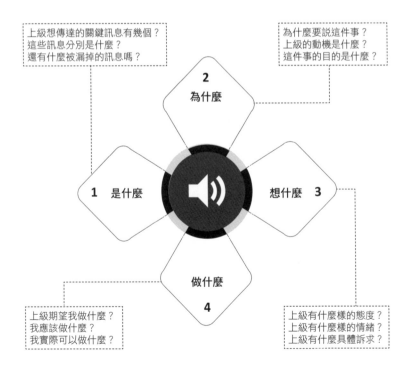

上級想傳達的關鍵訊息有幾個？
這些訊息分別是什麼？
還有什麼被漏掉的訊息嗎？

為什麼要說這件事？
上級的動機是什麼？
這件事的目的是什麼？

2 為什麼

1 是什麼

想什麼 3

做什麼 4

上級期望我做什麼？
我應該做什麼？
我實際可以做什麼？

上級有什麼樣的態度？
上級有什麼樣的情緒？
上級有什麼具體訴求？

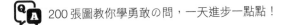

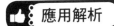 應用解析

●━━━━━━━● 向上級瞭解全貌的提問 ●━━━━━━━●

請問這是一項什麼工作？
請問完成這項工作的條件是什麼？
請問這項工作的具體要求是什麼？

我可以冒昧問一下，為什麼要做這項工作嗎？
我很好奇，做這項工作的價值是什麼？
我不清楚，這項工作的意義是什麼？

是什麼

為什麼

做什麼

想什麼

您具體期望我做什麼呢？
我做什麼最可能完成這項工作？
以我當前的能力，您認為做這項工作的困難會是什麼呢？

請問在這項工作上，您的具體訴求是什麼？
您期望我達到什麼樣的水準？
關於這件事，您的想法是什麼？

專家建議

　　在瞭解全貌的過程中，提問的主要作用是查漏補缺。如果沒有聽清楚事情的全貌，應主動向上級提問。在某個維度上缺漏的訊息越多，越應重點提問。

Day 55　經驗汲取：經由提問找到方法

🔒 問題場景：圖解工作遇到問題時可以問誰？

問題拆解

　　當不知道做事方法時，應該先就流程步驟提問。可以向誰問呢？可以向身邊可能知道方法的人問，可以向這件事做得比較成功的人問。除了向人提問外，也可以在網路和相關書籍中尋找答案。

🔑 實用工具

工具介紹

尋找方法的 4 步提問

尋找方法時，可以按照 4 個步驟實施提問。
第 1 步：分析當前情況，找到問題所在。
第 2 步：找到最佳實踐案例，也就是找到做得好的某人和某事例。
第 3 步：進行經驗汲取，在做得比較好的人和事上總結經驗。
第 4 步：形成工具方法，將經驗總結成可複製的工具或可實施的
　　　　方法論。

● 尋找方法的 4 步提問示例 ●

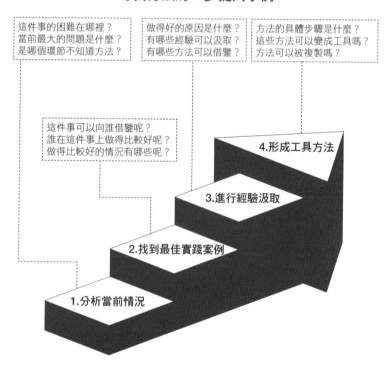

應用解析

找到方法的 4 個步驟

想找到方法,可以先找比較有經驗、瞭解方法的人,問這些人應該怎麼做。這些人包括上級、同事或同行。

除了人之外,可以找出做得比較成功的情況,也就是找最佳實踐案例,研究、總結和學習這些案例是怎麼做的。

多數領域都有相關的書籍。借助書籍,可以較系統、全面地學習該領域知識。

經由關鍵字搜索功能,可以在網路上檢索到很多相關訊息。網路上還有很多問答類網站,可以提供針對性參考。

專家建議

　　高效尋找方法的順序是「人─事─網─書」,但系統學習知識的順序則恰好相反。一般來說,書的知識體系比較完善,不一定適合快速檢索和解決某個特別具體的問題,但適合作為系統學習的有效工具。

Day 56 擴大收益：經由提問爭取資源

🔒 問題場景：圖解問專家，向部門爭取經費的方法

① 我想激發團隊的活力，給員工定期發小福利，可是我沒有這方面的經費預算。

② 你可以問問上級，向上級申請經費支援啊！

③ 可是現在部門經費不充裕，我覺得上級不會批准的。

④ 你都沒試過怎麼知道上級不會批准呢？

⑤ 其他團隊向上級申請過類似的經費，上級沒同意。

⑥ 申請資源要講究方式方法，如果投入某種資源能給團隊帶來某種收益，上級怎麼會不批准呢？

問題拆解

　　向上級爭取資源時，不能只是一味索取，要讓上級感受到提供資源後能獲得的好處；或者假如不提供資源，可能有哪些壞處。如果提供資源的預期好處收益或不提供資源的預期壞處，成本大於資源本身，爭取資源成功的機率就會變大。

實用工具

工具介紹

爭取資源的 4 步提問

向上級爭取資源前，可以按照 4 個步驟提出問題。

第 1 步：盤點當前的資源需求，明確哪裡缺少資源。

第 2 步：聚焦資源的缺口，明確缺少資源的具體數據。

第 3 步：探究資源的補充或替代方式，明確如何補足資源。

第 4 步，進行缺少資源的利弊分析，明確補足資源的緊迫性。

● 爭取資源的 4 步提問示例 ●

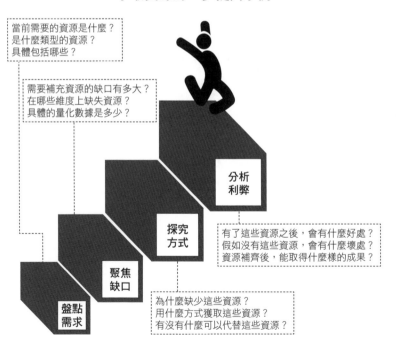

當前需要的資源是什麼？
是什麼類型的資源？
具體包括哪些？

需要補充資源的缺口有多大？
在哪些維度上缺失資源？
具體的量化數據是多少？

分析利弊

探究方式

有了這些資源之後，會有什麼好處？
假如沒有這些資源，會有什麼壞處？
資源補齊後，能取得什麼樣的成果？

聚焦缺口

盤點需求

為什麼缺少這些資源？
用什麼方式獲取這些資源？
有沒有什麼可以代替這些資源？

應用解析

● 盤點 4 類資源的問題 ●

需要什麼樣的人力支援？
需要多少人完成？
什麼樣的團隊適合完成？

需要什麼樣的設備支援？
需要用到哪些器材？
這些設備足夠嗎？

人力

物力

技術

財力

需要什麼樣的技術支援？
當前技術的掌握情況如何？
可以經由什麼方式補充技術缺口？

需要多少資金支援？
財務上還有多少缺口？
最高的資金需求是多少？

專家建議

　　向上級爭取資源前，首先要盤點資源，明確當前缺少的具體上是哪些資源、缺少的程度如何、需要如何補充。假如申請成功的機率較小，可以將缺少的資源分開申請，也就是先申請主要資源，再申請次要資源。

Day 57 提升價值：經由提問拿到授權

🔒 問題場景：圖解引導上級授權工作的技巧

① 我的上級習慣親力親為，不願意授權工作給我，使我減少很多接觸機會、成長受限，他應該是不信任我吧！

② 你平時的工作表現如何呢？

③ 我一直是團隊裡態度、能力和績效最好的，每次年終獎金也是最多的。

④ 那大概不是因為他不信任你，而是他還不習慣放權。

⑤ 這個問題是不是沒辦法解決了呢？

⑥ 別灰心，可以經由提問，幫助上級發現放權的重要性，引導上級對自己授權。

問題拆解

　　當自身工作比較出色，但上級不願做授權時，不一定是因為上級不信任自己，還可能是上級沒有意識到授權的重要性，或沒有養成授權的習慣。這時可以經由提問，幫助上級認識授權的好處，引導上級授權。

實用工具

工具介紹

引導上級授權的 4 類提問

經由向上級提問，可以引導上級做出授權，提問的方式可以有 4 類。
第 1 類：從讓工作做得更好的角度出發。
第 2 類：從讓工作用時更少的角度出發。
第 3 類：從讓工作成本更低的角度出發。
第 4 類：從讓員工獲得成長的角度出發。

引導上級授權的 4 類提問示例

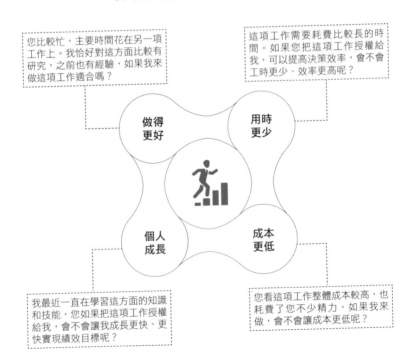

您比較忙，主要時間花在另一項工作上。我恰好對這方面比較有研究，之前也有經驗，如果我來做這項工作適合嗎？

這項工作需要耗費比較長的時間。如果您把這項工作授權給我，可以提高決策效率，會不會工時更少、效率更高呢？

做得更好

用時更少

個人成長

成本更低

我最近一直在學習這方面的知識和技能，您如果把這項工作授權給我，會不會讓我成長更快、更快實現績效目標呢？

您看這項工作整體成本較高，也耗費了您不少精力，如果我來做，會不會讓成本更低呢？

👍 應用解析

● 授權的 4 個層級 ●

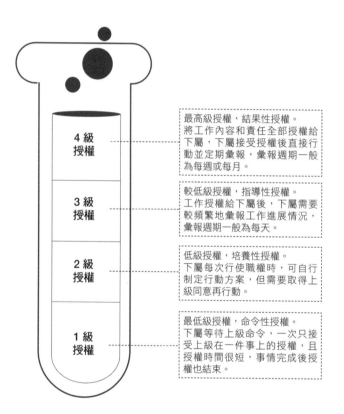

4 級
授權
最高級授權，結果性授權。
將工作內容和責任全部授權給
下屬，下屬接受授權後直接行
動並定期彙報，彙報週期一般
為每週或每月。

3 級
授權
較低級授權，指導性授權。
工作授權給下屬後，下屬需要
較頻繁地彙報工作進展情況，
彙報週期一般為每天。

2 級
授權
低級授權，培養性授權。
下屬每次行使職權時，可自行
制定行動方案，但需要取得上
級同意再行動。

1 級
授權
最低級授權，命令性授權。
下屬等待上級命令，一次只接
受上級在一件事上的授權，且
授權時間很短，事情完成後授
權也結束。

專家建議

　　授權不代表放任不管。很多管理者認為，授權就是把工作完全交
給對方。正是這種誤解，讓很多管理者不敢授權。實際上，工作授權
可以分成不同層級。針對授權的提問，不僅可以問「這項工作可不可
以授權」，還可以問「這項工作可以授權到什麼層級」。

Day 58 揚長避短:彙報工作如何提問

🔒 問題場景:圖解向上級彙報時,追加提問的方法

① 我向上級彙報完工作後常常就沒有下文了,也不知道接下來該做什麼。

② 上級不說,你可以主動問啊。

③ 問我接下來該做什麼嗎?這樣會不會讓上級覺得我沒有主見,或者覺得我平時的工作量不夠?

④ 是你想多了,再說也不是讓你傻傻地問自己該做什麼啊!

⑤ 那我該問什麼呢?

⑥ 可以在彙報工作時以提問和上級探討,例如可以問自己的工作還有哪些不足、可以在哪些方面改進?

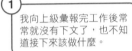

問題拆解

　　彙報工作遇到問題時,同樣可以向上級提問。工作彙報時向上級提問的方式有很多,並非只能問「自己接下來該做什麼」。經由提問,可以更深層發掘出上級的評價,聚焦接下來的工作重點。

實用工具

工具介紹

彙報工作向上提問的 4 個維度

彙報工作時，可以從 4 個維度向上提問，如下。
在優點的維度，可以明確自己的工作有哪些事項做得好。
在問題的維度，可以明確目前自己在工作上存在哪些問題。
在改進的維度，可以明確當前工作有哪些需要改進的地方。
在時間的維度，可以明確下次彙報可以約在什麼時間。

● 彙報工作向上提問的 4 個維度示例 ●

您認為我當前的工作哪裡做得還不錯？具體好在哪裡？這些做得好的部分，未來還可以繼續這麼做嗎？

您覺得我當前的工作有哪些問題？哪些是做得不好的地方呢？當前的不好有什麼影響？

您看下次彙報的時間安排在什麼時候合適？改進計畫中的每項工作後，需不需要跟您做階段性彙報？

您認為我的工作哪裡值得改進呢？您認為我應該如何改進呢？如何制定改進計畫？具體要做什麼呢？

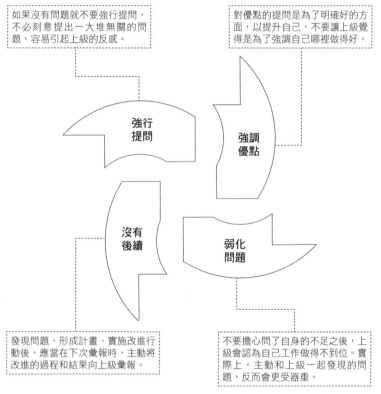

應用解析

彙報提問的 4 大禁忌

如果沒有問題就不要強行提問，不必刻意提出一大堆無關的問題，容易引起上級的反感。

對優點的提問是為了明確好的方面，以提升自己，不要讓上級覺得是為了強調自己哪裡做得好。

強行提問

強調優點

沒有後續

弱化問題

發現問題、形成計畫、實施改進行動後，應當在下次彙報時，主動將改進的過程和結果向上級彙報。

不要擔心問了自身的不足之後，上級會認為自己工作做得不到位。實際上，主動和上級一起發現的問題，反而會更受器重。

專家建議

　　彙報提問的本質，是請上級對自身工作做出評價，目的是更清晰地認識自己、發掘自身的優勢、瞭解自身的不足，以改進問題把工作做得更出色。如果不能達到這些目的，則沒必要為了提問而提問。

Day 59　發散思維：激發思路如何提問

🔒 問題場景：圖解幫助上級整理思維的方法

1　我發現，有時候上級的思維也是混亂的，我有時候為了引導他，會主動問一些問題。

2　非常好，你平時都怎麼問的呢？

3　比如，當上級對某件事沒有想法時，我想到一個方法，會問：「您看可不可以這麼做？」

4　在這種場合下，問這個問題似乎並不合適，你應該問開放式的問題。

5　為什麼我的問題不合適？什麼是開放式的問題？

6　開放式問題是讓上級自由發揮。而你的問題是封閉式問題，是讓上級在行和不行之間做選擇。

問題拆解

　　開放式問題是發散的，封閉式問題是聚合的。開放式問題將人們引入更大的思維空間，激發更多的可能性；封閉式問題將人們從發散的思維中，拉回具體的選擇。當期望上級給自己更多思路時，應當多問開放式問題；當期望上級做出抉擇時，應多問封閉式問題。

🔑 實用工具

工具介紹

開放式問題

　　開放式問題，是能夠開拓人思路的問題。例如，「這件事該如何做？」「這件事可以有多少種做法？」與開放式問題對應的是封閉式問題，也就是從不同的選項中選擇其一的問題。例如，「這麼做對不對？」「這件事好不好？」「這樣做可不可以？」

　　在很多場景下，向上級問開放式問題，會比問封閉式問題更好。

● 開放式問題的好處 ●

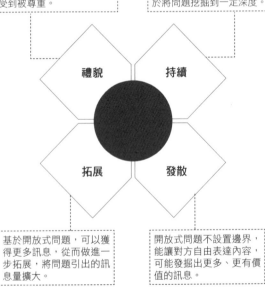

請別人説、自己聽是一種禮貌。開放式問題是邀請對方表達，這會讓對方感受到被尊重。

開放式問題有助於讓談話繼續，能夠就一個話題做更深入研討，有助於將問題挖掘到一定深度。

基於開放式問題，可以獲得更多訊息，從而做進一步拓展，將問題引出的訊息量擴大。

開放式問題不設置邊界，能讓對方自由表達內容，可能發掘出更多、更有價值的訊息。

應用解析

封閉式問題 vs 開放式問題

　　雖然前文中強調應當多問開放式問題，並不代表封閉式問題一定不好。在有些需要對方做出決斷的場合，封閉式問題是更好的選擇。例如當上級對某個事項懸而未決、遲遲給不出最終意見的時候，可以用封閉式問題。

第 8 章

好的提問讓溝通更順利：
職場中8個常見場景案例

本章背景

① 提問真的是太神奇了，我以前覺得提問很簡單，開口就能問，現在才知道原來沒有那麼簡單。

② 提問是一種溝通方式，既然是溝通，就會有方法、有技巧。

③ 我越來越覺得，適時用提問的方式溝通，比只用陳述的方式溝通效果更好。

④ 確實如此，提問可以讓溝通更出色，有助於取得更好的溝通效果。

⑤ 太感謝您了，讓我知道了那麼多提問的應用場景和方法。

⑥ 除了前面提到的職場狀況，提問還可以應用在其他場景，也都要掌握正確提問的方法。

背景介紹

　　提問的應用無處不在，在一些場景下，提問比陳述更能達到溝通目的。除了前文提到的場景外，常見的提問領域，還有寒暄、表達關懷、求職面試、人才選拔、汲取經驗、拜訪客戶、主持採訪等。

Day 60　臨門一腳：寒暄時如何提問

🔒 問題場景：圖解跟朋友見面時該聊些什麼？

① 我一直不知道跟朋友或同事見面時該聊些什麼。

② 你現在一般都聊什麼呢？

③ 我一般都是問對方一句「吃飯了嗎」，對方回答後，就會陷入很尷尬的局面。

④ 這種開場也太場面話了，而且沒有後續的交流，聽起來確實很尷尬。

⑤ 那我寒暄時該說什麼呢？

⑥ 你可以問對方問題啊，這樣聊天不會尷尬，對方還樂於回答。

問題拆解

　　陳述句是用來表達訊息，而疑問句是為了瞭解對方的訊息。提問不僅能讓對方感受到被尊重，而且還能引出很多其他訊息。所以在對話中加入提問，能有效打破沉默，迅速開啟一段對話。

🔑 實用工具

工具介紹

寒暄提問的 4 個維度

寒暄時，提問可以迅速打破沉默和僵局，達到有效破冰的目的。

寒暄過程中的提問可以包括 4 個維度，分別是生活、家庭、健康和發展。

━━━━━━━━● **寒暄提問的 4 個維度詳解** ●━━━━━━━

與生活相關的問題，包括興趣、休閒、吃穿等方面。

與家庭成員相關的問題，包括父母、子女、伴侶等方面。

與職業或事業相關的問題，包括事業發展、職業規劃、工作情況、學習深造等方面。

與個人、家人、朋友身體健康相關的問題，包括體檢、健身等方面。

生活　家庭
發展　健康

應用解析

● **寒暄提問的 4 個維度案例** ●

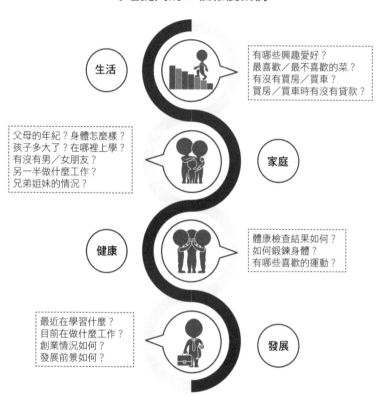

生活

有哪些興趣愛好？
最喜歡／最不喜歡的菜？
有沒有買房／買車？
買房／買車時有沒有貸款？

父母的年紀？身體怎麼樣？
孩子多大了？在哪裡上學？
有沒有男／女朋友？
另一半做什麼工作？
兄弟姐妹的情況？

家庭

健康

體康檢查結果如何？
如何鍛鍊身體？
有哪些喜歡的運動？

最近在學習什麼？
目前在做什麼工作？
創業情況如何？
發展前景如何？

發展

專家建議

　　寒暄提問的目的，是拉近雙方之間的感情，所以在寒暄提問時，要注意雙方的關係和提問的尺度，否則會讓對方覺得被侵犯隱私而感到被冒犯。另外，要注意提問的語氣和節奏，不然會讓對方有種被「審問」的感覺。

Day 61 傳達善意：表達關懷如何提問

🔒 問題場景：圖解讓同事感受到關心的表達方法

1 其實我很關心同事，但平時不太喜歡說話，不知道該怎麼讓同事感受我的關心。

2 悶在自己心裡的事情，別人怎麼能感受到呢？要表達出來，別人才會知道。

3 怎麼表達呢？總不能直接告訴同事「我很關心你們」吧。

4 這樣直接表達也太奇怪了，你可以用提問讓對方感受到你的關懷。

5 提問？要怎麼提問？

6 你可以經由提問，瞭解對方的衣食住行等情況。

問題拆解

　　提問在表達關懷的溝通場景中非常重要。表達關懷時的提問看似漫不經心，卻可以讓對方感受到提問者想瞭解自己的情況，讓對方感受到被關心。

實用工具

工具介紹

關懷提問的 5 個維度

經由提問瞭解對方的情況，能讓對方感受到自己被關心，是溝通中表達關懷的有效方式。表達關懷的提問可以有 5 個維度，分別是衣、食、住、行、工。

● 關懷提問的 5 個維度詳解 ●

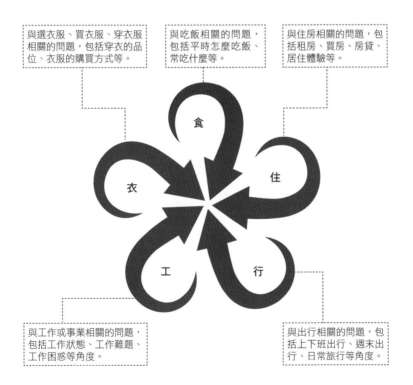

與選衣服、買衣服、穿衣服相關的問題，包括穿衣的品位、衣服的購買方式等。

與吃飯相關的問題，包括平時怎麼吃飯、常吃什麼等。

與住房相關的問題，包括租房、買房、房貸、居住體驗等。

與工作或事業相關的問題，包括工作狀態、工作難題、工作困惑等角度。

與出行相關的問題，包括上下班出行、週末出行、日常旅行等角度。

👍 應用解析

● 關懷提問的 5 個維度案例 ●

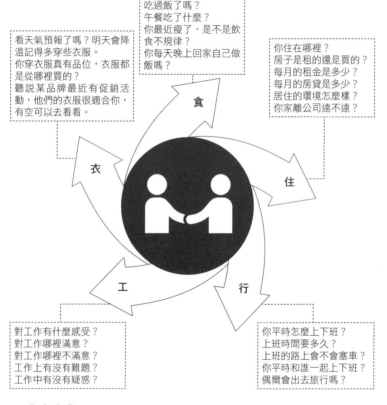

吃過飯了嗎？
午餐吃了什麼？
你最近瘦了，是不是飲食不規律？
你每天晚上回家自己做飯嗎？

看天氣預報了嗎？明天會降溫記得多穿些衣服。
你穿衣服真有品位，衣服都是從哪裡買的？
聽說某品牌最近有促銷活動，他們的衣服很適合你，有空可以去看看。

你住在哪裡？
房子是租的還是買的？
每月的租金是多少？
每月的房貸是多少？
居住的環境怎麼樣？
你家離公司遠不遠？

食

衣

住

工

行

對工作有什麼感受？
對工作哪裡滿意？
對工作哪裡不滿意？
工作上有沒有難題？
工作中有沒有疑惑？

你平時怎麼上下班？
上班時間要多久？
上班的路上會不會塞車？
你平時和誰一起上下班？
偶爾會出去旅行嗎？

專家建議

　　很多人認為表達關懷會顯得自己很囉唆。實際上，這種感覺是因為提問的節奏過快、過細，或者在某些環節觸碰到對方的隱私。實施關懷提問時，要特別注意節奏，問得太多、太密，會給人一種「查戶口」的感覺。

Day 62　先做功課：求職面試如何提問

🔒 問題場景：圖解求職時，讓人留下好印象的方法

1 弟弟前陣子去面試，他說前面回答得不錯，不知道是不是最後，面試官問他有沒有問題要問時，這個環節出了問題。

2 他問的是什麼問題？

3 他問那家公司 20 年後準備做到多大規模。

4 這個問題確實很不合適。

5 為什麼？這樣不是顯得他高瞻遠矚、關心公司未來發展嗎？

6 也可能會顯得他好高騖遠，而且他問了一個面試官沒辦法回答、也不想回答的問題，很可能會引起面試官的反感。

問題拆解

　　求職面試時，面試官可能會詢問求職者有沒有問題要問。這時候應謹慎提問，最好提前準備幾個優質問題。如果問出的問題品質比較低，可能會讓面試官對求職者產生不好的印象，讓求職者與職位失之交臂。

🔑 實用工具

╭─ 工具介紹 ─

面試提問

　　求職面試時，適合問面試官 4 類問題，分別是拉近關係類問題、瞭解職務類問題、職業發展類問題和文化氛圍類問題。

　　經由拉近關係類問題，打破隔閡，達到破冰的效果；經由瞭解職務類問題，對職務形成全面認知；經由工作發展類問題，讓面試官覺得求職者積極、好學、上進；經由文化氛圍類問題，提前瞭解到職後可能面臨的環境狀態。

●────── **求職面試適合問的 4 類問題** ──────●

> 請問您在公司工作多久了？
> 請問您當初為什麼選擇這個公司？
> 請問您覺得公司的優點是什麼？
> 請問您覺得公司哪裡還需改進？

> 請問公司是如何定義這個職位的？
> 請問我入職後最需要解決的問題是什麼？
> 請問我未來團隊的情況是怎麼樣的？
> 請問公司期望我在公司有哪些貢獻？

拉近關係類問題

瞭解職務類問題

文化氛圍類問題

工作發展類問題

> 請問被公司認可的員工有什麼特質？
> 請問公司企業文化的關鍵是什麼？
> 請問公司價值觀的關鍵是什麼？
> 請問我的上級平時有什麼樣的工作習慣？

> 請問公司會提供培訓或學習的機會嗎？
> 請問這個職位的發展途徑有哪些？
> 請問我做出什麼成績可以獲得晉升？
> 請問您對我未來 3 年工作規劃的建議是什麼呢？

應用解析

● 求職面試最不該問的 5 類問題 ●

多數公司都有官方網站，就算沒有，也會在徵才平台上介紹公司，應當在求職面試前瞭解這些訊息。如果不瞭解，表示沒提前做功課。

如果面試時表示想瞭解別的職位，可能會給面試官留下不好的印象。就算真的想瞭解，也應入職後再側面瞭解。

想瞭解公司的長遠發展不是壞事，但若面試時問這類問題，可能會給面試官留下好高騖遠的印象。應表現出想瞭解職位的具體工作、想踏實做好份內工作。

別的職位情況

公司基本情況

長遠發展情況

超越範圍問題

薪酬休假情況

求職面試的提問對象是面試官，應該問其能力範圍內且樂於回答的問題。不要問那些面試官不知道如何回答的問題，這會讓面試場面變得尷尬。

工資、福利、補助、加班、休假等相關問題，不是不能問，而是不適合在面試有結果之前問。等公司有初步錄用意向時，再問也不遲。

專家建議

　　高品質的求職面試提問是加分項，低品質的求職面試提問是扣分項。如果面試時一時不知道該問什麼，還不如乾脆不問。

Day 63 測評識人：人才選拔如何提問

🔒 問題場景：圖解面試時，有助於判斷能力的 6 類問題

① 我當面試官的時候，最頭痛的就是問問題，不知道該如何提問。

② 你平時做面試官時，都是怎麼提問的呢？

③ 我一般都是問對方，覺得自己能不能勝任工作之類的問題。

④ 我估計你問出這個問題之後，得到的回答應該只有一種，那就是「能」吧⋯⋯

⑤ 是的，我常常問著問著就陷入一種尷尬的局面。

⑥ 選拔人才時，應當多問對方曾經做出的成績，以及具體是如何做到的，從而判斷出能力。

問題拆解

　　選拔人才時，應當多問開放式問題，少問封閉式問題。類似「你有沒有能力」「你能不能勝任」「你在這方面有沒有經驗」等，這類問題得到的回答都會是肯定的。選拔人才的問題，應聚焦於面試者曾經的行為上，來判斷其具備的能力。

實用工具

工具介紹

人才選拔的 6 類問題

在選拔人才時，比較經典的問題有 6 類，分別是導入類問題、動機類問題、行為類問題、應變類問題、壓力類問題和情境類問題。

經由導入類問題，和面試者寒暄，帶入面試的情境。

經由動機類問題，瞭解面試者的意願。

經由行為類問題，瞭解面試者過去的工作表現情況，從而判斷和職務的契合程度。

經由應變類問題，瞭解面試者的反應及應變能力。

經由壓力類問題，瞭解面試者在面臨壓力時的表現。

經由情境類問題，判斷面試者在實際工作中可能會出現的行為。

人才選拔的 6 類問題詳解

作用一是暖場，建立良好的氛圍。由簡單的問題逐漸切入面試話題，以獲取面試者基本訊息。作用二是發現面試者個性，也能在一定程度上瞭解其三觀。

瞭解面試者的職業價值觀、性格、目標和規劃與職務是否匹配，從側面判斷是否具備職業穩定性。

經由瞭解面試者學習過的知識和技能、有過的工作經驗和工作成果，判斷其與職務的匹配程度。

導入類問題

動機類問題

情境類問題

行為類問題

壓力類問題

應變類問題

考察面試者分析和解決實際問題的能力，觀察是否具備處理問題的方法和技巧，以及處理問題的方式，是否符合企業實際情況。

製造緊張氛圍，提出看似比較生硬、不太禮貌的問題，讓面試者感覺不舒服，考察其心理素質、抗壓能力、變通能力以及溝通能力。

提出一些需要臨場發揮的問題或兩難問題，考察面試者的情商、反應、邏輯思維能力、分析能力、想像力及解決棘手問題的能力。

應用解析

● 人才選拔的 6 類問題案例 ●

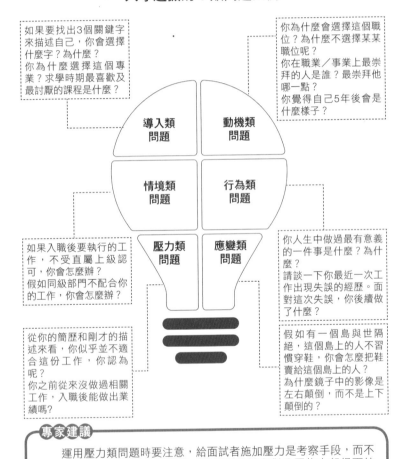

如果要找出3個關鍵字來描述自己,你會選擇什麼字?為什麼?
你為什麼選擇這個專業?求學時期最喜歡及最討厭的課程是什麼?

你為什麼會選擇這個職位?為什麼不選擇某某職位呢?
你在職業/事業上最崇拜的人是誰?最崇拜他哪一點?
你覺得自己5年後會是什麼樣子?

導入類問題

動機類問題

情境類問題

行為類問題

壓力類問題

應變類問題

如果入職後要執行的工作,不受直屬上級認可,你會怎麼辦?
假如同級部門不配合你的工作,你會怎麼辦?

你人生中做過最有意義的一件事是什麼?為什麼?
請談一下你最近一次工作出現失誤的經歷。面對這次失誤,你後續做了什麼?

從你的簡歷和剛才的描述來看,你似乎並不適合這份工作,你認為呢?
你之前從來沒做過相關工作,入職後能做出業績嗎?

假如有一個島與世隔絕,這個島上的人不習慣穿鞋,你會怎麼把鞋賣給這個島上的人?
為什麼鏡子中的影像是左右顛倒,而不是上下顛倒的?

專家建議

運用壓力類問題時要注意,給面試者施加壓力是考察手段,而不是目的。因此不要讓整場面試,最終以面試者對公司抱有怨恨而結束。即使面試者的心理承受能力不能與職務匹配,最後敗在了壓力類問題上,最後也要完美收場,並對之前給出的壓力進行解釋。

Day 64　複製成功：汲取經驗如何提問

🔒 問題場景：圖解得到高手經驗的 4 個提問技巧

① 我們公司有個銷售高手，不僅業績好服務也好，客戶都對他很滿意。經由提問，應該可以汲取這個高手的經驗吧？

② 確實可以，不過你準備怎麼問呢？

③ 我就直接問他，為什麼銷售業績這麼好就行了啊！

④ 直接這麼問也許很難得到精準的回答，他可能會說是因為「誠信」「勤奮」這類原因。這樣的結論應該很難在公司推廣吧？

⑤ 是啊，那我應該怎麼問呢？

⑥ 你可以問得更細緻一些，發掘出那些可複製、可實施、有助於提升銷售業績的具體行為。

問題拆解

　　汲取經驗的問題不應是大而全的，應當將大問題拆分、細化到某個具體場景，問問他們是如何解決某類具體事項。空泛的問題並不能有效汲取經驗，反而是那些能細化到具體行為的問題，才能有效汲取經驗。

實用工具

工具介紹

汲取經驗的提問

技能和經驗能夠被提煉、汲取，形成團隊內部可複製、可實施的標準化動作。汲取經驗可以用訪談的方法，經由向高手提出問題的方式，總結出高手把事情做成功的方法論。

汲取經驗的提問有 4 個技巧，分別是拆分問題、聚焦動作、有具體的行為佐證和從多維度上提問。

● 汲取經驗提問的 4 個技巧 ●

如果目標問題較宏大，例如「如何提高銷售業績」，不要直接問目標問題，而應將目標問題拆分成更具體的問題，例如「你拜訪新客戶時，會怎麼做」。

汲取的經驗不應是品格、價值觀、理念等思想上、抽象的概念，而要落實到具體的行為動作。也就是要追問到更細的具體事項，把能力細化到最小的動作，直到一般人也能複製。

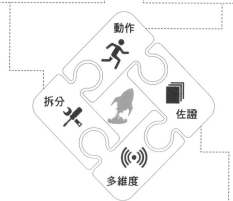

汲取高手經驗時，不能只對高手提問，還要向與高手相關的人提問。為了讓提問更有效，提問的人越多越好，最好能實施 360 度的全方位提問。

總結出的具體行為和動作，要有多次事件或對比為佐證。例如得出「每天打 100 個陌生客戶拜訪電話，有助於增加新使用者」的結論後，要有多次做後確實增加新使用者的數據，並與沒做的情況做對比。

👍 應用解析

━━━━━ ● 汲取高手經驗要問的 5 類人 ● ━━━━━

你認為張三做得好的行為是什麼？
張三平時如何與你溝通協作？
張三的哪些行為值得你學習？

張三平時是如何管理你們的？
張三對你有哪些要求？
你認為張三的哪些行為是成功的關鍵？
你從張三那學到最有價值的3件事是什麼？

張三是如何服務您的？
您為什麼信任張三？
張三做過最令您滿意的3件事情是什麼？

平級同事

下級

客戶

上級

家人

張三平時是如何工作的？
您平時是如何管理張三的？
您對張三提出過哪些要求？
您對張三做過哪些指導？

張三每天的作息情況如何？
張三有哪些業餘的興趣愛好？
張三回家後還做過工作中的哪些事？

専家建議

　　汲取經驗時，除了訪談高手本人外，更要訪談其身邊的人，還原高手生活和工作的全面貌。因為不是每個人都具備較強的自我認知，高手往往無法完全意識到自己的優點是什麼，經由對身邊的人全方位訪談，能夠更全面地總結和了解高手做得好的原因。

Day 65 促成交易：拜訪客戶如何提問

🔒 問題場景：圖解拜訪客戶時，化解尷尬的 5 個方法

① 有次和銷售部的新人拜訪客戶，我發現這位同事和客戶聊得很尷尬，我也不知道該怎麼幫他。

② 拜訪客戶時，也可以多提問啊！也就是經由提問引導客戶表達。

③ 問什麼呢？

④ 可以問客戶的需求、問客戶的經費預算，也可以問客戶的採購決策流程。

⑤ 跟客戶溝通時，不是應該多介紹一下自己的公司和產品嗎？

⑥ 介紹當然是需要的，但一味介紹自己的情況屬於陳述思維，而非提問、挖掘訊息的思維。

問題拆解

　　拜訪客戶時，提問比陳述更重要。提問是挖掘出客戶需要什麼、想要什麼，而陳述是告訴客戶自己有什麼。高品質的提問不僅能讓客戶感受到被尊重，而且能夠精準發掘客戶的需求，從而更高效地促成交易。

實用工具

工具介紹

拜訪客戶可以提問的 5 個維度

拜訪客戶時，可以從 5 個維度提問。
1. 詢問客戶的主營業務，從整體上瞭解客戶。
2. 詢問客戶的當前需求，從而發現客戶需要什麼、想要什麼。
3. 詢問競爭對手的動態，瞭解競爭對手有沒有接觸過客戶，提供什麼條件。
4. 詢問客戶的預算和經費情況，瞭解客戶的購買能力。
5. 詢問客戶的決策流程，掌握客戶的權限劃分和關鍵決策人。

拜訪客戶提問的 5 個維度詳解

詢問客戶的主要業務，是為了更瞭解客戶，也可以作為拜訪新客戶的破冰問題。

瞭解客戶的當前需求，可以明確其目前所處的發展階段，和迫切要解決的問題。

經由客戶，可以瞭解競爭對手的動態，並發現競爭對手和客戶之間的關係。

瞭解客戶採購的決策流程，能夠知道其決策權限和流程走向，並發現關鍵決策人，提高成交效率。

對於正在銷售的產品，瞭解客戶的預算和經費，可以判斷其購買能力和購買意願，降低溝通成本。

應用解析

● 拜訪客戶提問的 5 個維度案例 ●

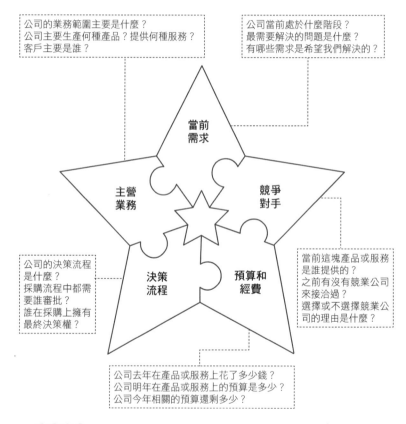

公司的業務範圍主要是什麼？
公司主要生產何種產品？提供何種服務？
客戶主要是誰？

公司當前處於什麼階段？
最需要解決的問題是什麼？
有哪些需求是希望我們解決的？

當前
需求

主營
業務

競爭
對手

公司的決策流程
是什麼？
採購流程中都需
要誰審批？
誰在採購上擁有
最終決策權？

決策
流程

預算和
經費

當前這塊產品或服務
是誰提供的？
之前有沒有競業公司
來接洽過？
選擇或不選擇競業公
司的理由是什麼？

公司去年在產品或服務上花了多少錢？
公司明年在產品或服務上的預算是多少？
公司今年相關的預算還剩多少？

專家建議

　　拜訪客戶的根本目的，是與客戶達成交易，或者建立長期穩定的合作關係，提問是促成這一目的的手段。詢問客戶問題時，要注意態度和語氣，避免「轟炸式」地連問，且不去問客戶不願回答、不方便回答的問題。

Day 66　深挖訊息：主持採訪如何提問

問題場景：圖解當主持人時，熱絡氣氛的 4 個技巧

1. 公司有時候會讓我主持節目，在節目中經常要採訪嘉賓，但我每次都比嘉賓還緊張。

2. 你都是怎麼提問的呢？

3. 我就直接問囉，不過總感覺問完了之後氛圍怪怪的，嘉賓回答的積極性不高。

4. 也許你可以提前瞭解一下嘉賓的喜好，先問一些其樂於回答的問題，點燃其情緒。

5. 對耶，這個方法好，下次我就這麼辦。

6. 主持採訪的提問也有一套方法，掌握後就能駕輕就熟了。

問題拆解

　　在主持或採訪中，提問是免不了的溝通方式，但並非不斷地直接提問就好，還需要一定的方法和技巧。掌握提問的方法，能夠感染受訪者的情緒，讓其更願意表達，從而挖掘出更多訊息。

🔑 實用工具

工具介紹

採訪提問

採訪提問的方式有很多，根據受訪對象和聽眾的不同，常用的採訪提問方式有 5 種，分別是直問、側問、反問、追問和借問。

採訪提問的 5 種方式示例

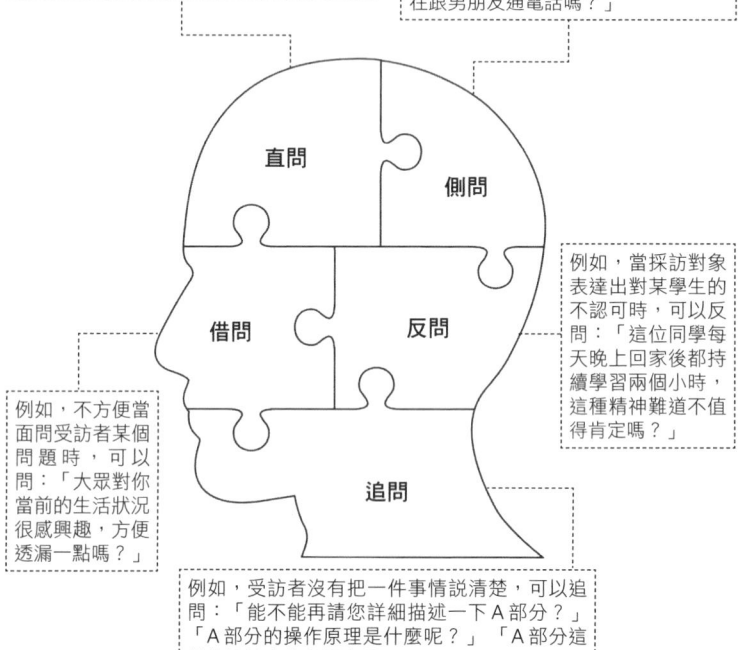

直問就是直接提問，是最傳統的採訪提問方式之一。例如可以直接問：「想請教一下，您對這個問題的看法是什麼？」

例如，採訪一位未婚女性，想知道她現在有沒有男朋友，可以側問：「採訪開始前我看你講電話笑得很甜，是在跟男朋友通電話嗎？」

例如，當採訪對象表達出對某學生的不認可時，可以反問：「這位同學每天晚上回家後都持續學習兩個小時，這種精神難道不值得肯定嗎？」

例如，不方便當面問受訪者某個問題時，可以問：「大眾對你當前的生活狀況很感興趣，方便透漏一點嗎？」

例如，受訪者沒有把一件事情說清楚，可以追問：「能不能再請您詳細描述一下 A 部分？」「A 部分的操作原理是什麼呢？」「A 部分這樣的設計有什麼好處呢？」

直問　側問　借問　反問　追問

👍 應用解析

● 採訪提問的 4 個技巧 ●

正式採訪開始前要營造溫馨的氛圍，讓受訪者卸下心防，願意吐露心聲。這裡的氛圍不僅包括環境氛圍，還包括溝通氛圍。

提前瞭解受訪者喜愛或厭惡的東西，適當地在這兩方面提出問題，激發其情緒。此部分不一定要在正式採訪時進行，也可以在採訪開始前進行。

- 營造氛圍
- 點燃情緒
- 詢問細節
- 篩選問題

多問細節有助於對方表達。例如問：「你們平時怎麼相處？」不如問「你們平時會一起出去買菜嗎？會一起做菜嗎？你們都做什麼菜？怎麼做的？」

提前篩選要問的問題，不要問空泛、空洞的問題。多問大眾普遍關心的問題，增加採訪問題的針對性和有效性。

專家建議

　　主持或採訪提問的關鍵，並不在於現場的臨時發揮能力，而是在於事前的準備環節。對受訪者瞭解得越透徹，採訪效果往往越好。現場提問時，可以運用多重感官，也就是經由語氣、眼神、肢體動作、座位安排等，激發受訪者的熱情。

國家圖書館出版品預行編目(CIP)資料

200張圖教你勇敢の問,一天進步一點點!:7方法,
提升邏輯、思考、不拖延及解決問題的能力/任康磊
著.-- 新北市:大樂文化有限公司,2023.06
240面;14.8×21公分(優渥叢書 Business;092)
ISBN 978-626-7148-61-7(平裝)
1. 溝通方法 2. 成功法
177.1   112007480

BUSINESS 092

200張圖教你勇敢の問,一天進步一點點!

7方法,提升邏輯、思考、不拖延及解決問題的能力

作　　者╱任康磊
封面設計╱蕭壽佳
內頁排版╱王信中
責任編輯╱林育如
主　　編╱皮海屏
發行專員╱張紜蓁
發行主任╱鄭羽希
財務經理╱陳碧蘭
發行經理╱高世權
總編輯、總經理╱蔡連壽
出 版 者╱大樂文化有限公司(優渥誌)
　　　　　　地址:220新北市板橋區文化路一段 268 號 18 樓之一
　　　　　　電話:(02)2258-3656
　　　　　　傳真:(02)2258-3660
詢問購書相關資訊請洽:2258-3656
郵政劃撥帳號╱50211045　戶名╱大樂文化有限公司

香港發行╱豐達出版發行有限公司
地址:香港柴灣永泰道 70 號柴灣工業城 2 期 1805 室
電話:852-2172 6513　傳真:852-2172 4355

法律顧問╱第一國際法律事務所余淑杏律師
印　　刷╱韋懋實業有限公司

出版日期╱2023年6月26日
定　　價╱290 元(缺頁或損毀的書,請寄回更換)
I S B N╱978-626-7148-61-7